働き方改革を実現する

「会社ルールブック®」

人事コンサルタント
社会保険労務士
榎本あつし

はじめに
「働き方改革が実現する唯一の方法」

「働き方改革」とはいったい何か

　残業時間を減らす、休暇を増やす、しかし、生産性は下げないようにする…。
　「働き方改革」というキーワードが世の中に知れわたり、働く人の意識が高まっています。企業としても、これからは「働き方改革」に取り組んでいかなければ…と、思っていることでしょう。
　しかし、この「働き方改革」。なんだかぽんやりして抽象的な感じのもので、何かに取り組まなければいけないのだけれど、具体的には何をしたらいいのか、困惑している企業が多いのも事実です。
　明日から、いまから、何に取り組んでいけばいいのか。そして、その取組みによって、自社は「働き方改革を実現している」と、まわりに胸を張って言えるためには、どうすればよいのか。
　本書はその悩みに対して、

① 「ルールブック」をつくる
② 「社員の行動」を変える

という２段階の取組みで、**現実的な働き方を変える**ということのお手伝いを提案しています（「ルールブック」とはどのようなものか、「社員の行動」を変えるというのはどのようにやるのか、については、このあと読んでいただくなかで説明していきます）。
　働き方を変えるにあたっては、上記の「現実的な」というところがとても重要です。
　というのも、いまの企業の取組みは、「働き方改革」に合わせて、

自社の制度を見直そう、就業規則を変更しよう、というものがほとんどになっています。一歩進んでも、その内容に関する周知や研修を行なう、というものでしょうか。
　しかし、これでは働き方改革は実現できません。
　どんなに立派な制度をつくっても、よい研修を行なっても、**社員の行動が変わらなければ**、「働き方改革」は現実的に近づいてこないのです。
　大事なのは、「社員一人ひとりの実行動」が変わること、変えること。それが唯一の「働き方改革が実現する」方法なのです。

「行動」を変えることが実現への唯一の方法

　制度を変えても、それが社員に浸透せず、だれも行動に起こさなければ、どこかでひずみが生じて、うまくいかなくなってくることでしょう。
　制度をつくって休暇は増えたけれど、結局は仕事が終わらないため、会社に出てきている。水曜日はノー残業デーにしたけれど、実際にはみんな帰らずに仕事している――など、実際にこのような企業をたくさん見てきています。
　制度だけはあるけれども、形骸化している企業も多いのです。

　ちなみに、次ページの図は「働き方改革」で何に取り組むか、という企業へのアンケートの結果です。株式会社チームスピリットが、2017年の3月に調査したものです。

「働き方改革」の具体的な施策として、どのようなことを実施または予定されていますか？（複数回答可）

（株式会社チームスピリット調べ／2017年3月15日～3月28日の14日間／「働き方改革に関する緊急アンケート」有効回答数281社）

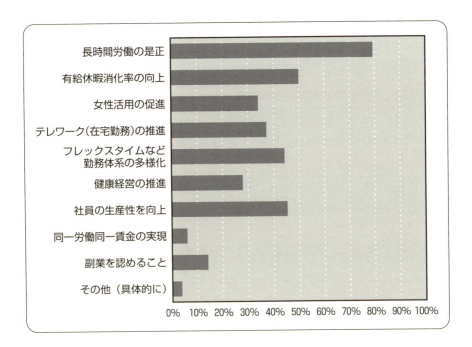

　ほとんどの企業が、「長時間労働の是正」を取組みにあげており、「有給休暇消化率の向上」や「社員の生産性を向上」にも取り組んでいる、もしくは取組み予定としています。
　おそらく多くの企業が、「働き方改革」とは、このようなことに取り組んでいく、というイメージを持っているのではないでしょうか。

　次に、同調査での別の質問を見てみましょう。

> 「働き方改革」実現のために最も重要なことはどのような点だと思われますか？（2つまで）

　「長時間労働の是正」「有給休暇消化率の向上」「社員の生産性を向上」などを実現するために重要なこと、それは何か——次ページ図のような調査結果になっています。

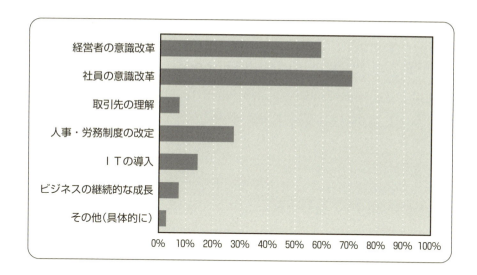

　図を見ればわかるように、「経営者の意識改革」「社員の意識改革」が重要となっています。
　私が中小企業の人事コンサルティングを行なっていると、非常にこの「意識改革というワナ」にはまっている企業が多くあるのです。

「意識改革」のワナに陥らないように

　「意識改革」をしていこう、と唱えている企業の多くが、現実的には何も進んでいません。何も変わっていません。
　意識改革、意識が大事、意識を変えよう、という結論にもっていくことは、とても「楽」なので多くの人たちが使いがちです。
　ちょっと厳しいことを言わせていただくと、その場で具体的な行動レベルでの取組みが思いつかないか、最後までやり切れる自信がない場合、責任をとりたくない場合などに使うのが、「意識を変えていこう」なのです。これは、いわゆる「逃げ言葉」です。
　うまくいけば、「意識が変わったから」になり、うまくいかなければ「まだまだ意識改革が足りない」といくらでも結果論で言えてしまうのです。あとから「逃げる」ことができてしまうのですね。
　意識が変わったかどうかは、結局「行動」を見ないと、わからな

いことなのです。

「行動」を変えるための具体的ツール

　意識を変えるのではなく、しっかりと目に見える「行動」を変えていきましょう。ちゃんと行動が変わっていれば、きっと意識も高まっているといわれることでしょう。取り組むのは、**行動を変える**ことです。

　前述の調査結果にあったような「長時間労働の是正」「有給休暇消化率の向上」「社員の生産性を向上」させるためには、どんな行動レベルで取り組めばよいのか。それを明確に決めて明文化し、一人ひとりの社員が、日々行動していくことが大事なのです。

　そこまでできれば、現実的な生産性の向上につながってきます。取組みへの具体的な行動が習慣化します。

　そして、ある一定期間継続すると、会社の「当たり前」となる組織風土が醸成されます。

　これらを実現するための手段としての最適なツールが、「**会社ルールブック**」です。

　制度だけつくるのではなく、意識だけ高めるのでもなく、具体的な行動を変えて習慣化し、組織風土にするためのツールです。

　そして、このツールを実際に用いて、具体的な行動の変え方をこの本で、これからお伝えしていきます。

　「働き方改革」に取り組まなければ…と考えていて、でも実際に何をどうやっていいのか悩んでいる経営者、幹部や担当者の方、そしてそれをサポートされているコンサルタントの方に、この本がお役に立てれば幸いです。

　「働き方改革」をきっかけとして、組織風土のよい魅力的な会社をつくっていきましょう！

2019年1月　　　　　　　　　　　　　　　　　　　榎本　あつし

働き方改革を実現する「会社ルールブック®」
もくじ

はじめに――「働き方改革が実現する唯一の方法」――2
　「働き方改革」とはいったい何か
　「行動」を変えることが実現への唯一の方法
　「意識改革」のワナに陥らないように
　「行動」を変えるための具体的ツール

1章 「会社ルールブック」とはどのようなものか

1-1　「打楽打楽(だらだら)支店」の悩み――16
　ある中小企業の1日の出来事／職場風土は問題があっても当たり前になる
　「ゆでガエル」の組織／よい職場風土にする方法は？

1-2　会社ルールブックは就業規則と何が違う？――22
　すでに「就業規則」というものがあるけれど…／就業規則の性質は？
　法律で記載しなければいけない項目が決まっている
　労働基準監督署に届け出なければならない
　労使トラブルや裁判などの際に、まず就業規則が確認される
　言葉が難しくなりがち／どんな人が関心を持ち、見ているのか
　ノコギリとノミ

1-3　「会社ルールブック」とはこのようなもの――32
　小さめの手帳サイズが最適／会社ルールブックに盛り込む内容
　①会社に関すること／②仕事に関すること
　③職場で守るルール／④チェックリスト・書き込みページ

CONTENTS

管理職向けページ

1-4 ルールには2つの種類がある ─── 44
「守りのルール」と「攻めのルール」
「守りのルール」とは／「攻めのルール」とは

1-5 「会社ルールブック」を会社の財産にしよう ─── 49
言行一致の道しるべ／持続経営のためのツールにする
研修を行なうだけではなく、しくみの確立を

▶ Break time　ルールでしばると自由がなくなる？　52

2章 「働き方改革」とはいったいどういうことか

2-1 「働き方改革」とは何か ─── 56
「働き方改革」の内容をご存じですか？
労働力人口は激減する／成年男子主体の労働力を変えていく

2-2 「生産性」の向上をめざす ─── 58
日本の生産性は本当に低いのか

2-3 「働き方改革関連法」とは何か ─── 61
2019年4月から順次、施行される
働き方改革関連法で何がどうなるのか
働き方改革関連法には大きく3つの柱がある
労働時間法制の見直しのあらまし／大企業とは？　中小企業とは？

2-4 残業時間の上限の抑制 ─── 66
70年ぶりの大改正！／上限時間を超えて働く場合はどうするか
違反した場合には罰則がある

2-5 勤務間インターバル制度の導入 ─── 70
「勤務間インターバル」とは何か

2-6	5日間の年次有給休暇の取得義務 ── 72

日本の有休取得率は世界で最下位!?
どのように5日間を時季指定するか
取得期限に慌てて付与するリスク
いつから5日なのか？ 罰則は？ 時給の人は？

2-7	月60時間を超える残業の割増賃金を25％から50％へ ── 77

中小企業も2023年4月から適用に

2-8	労働時間の状況の客観的把握の義務化 ── 79

労働安全衛生法に規定

2-9	フレックスタイム制度の拡充 ── 80

労働時間の過不足は3か月で清算可能に

2-10	高度プロフェッショナル制度の新設 ── 82

時間ではなく成果に応じて給与を支払う

2-11	産業医・産業保健機能の強化 ── 84

健康に対する配慮がより必要に

2-12	「労働時間法制の見直し」のまとめ ── 86

いつから施行されるのか？ 罰則は？

2-13	雇用形態に関わらない公正な待遇の確保 ── 88

同一労働・同一賃金の実現を

2-14	不合理な待遇差をなくすための規定の整備 ── 90

正規・非正規による待遇差をなくす
派遣社員についての改正

2-15	労働者に対する待遇に関する説明義務の強化 ── 94

明確な根拠とその説明が義務化

2-16	行政による事業主への助言・指導等の規定の整備 ── 95

行政ＡＤＲの対象になる
いつから施行されるのか

　　　Break time　よい人材を採用する方法　97

CONTENTS

3章 会社ルールブックの「つくり方」

3-1 会社ルールブックの作成・導入のポイント ── 100
ルールブックを導入しても社員は総スカン状態!?
ルールブックの作成・導入時の5つのポイント

3-2 「目的」を明文化する ── 102
会社ルールブックを導入する目的は何か
「目的」が伝わると、自主的に行動が変わる

3-3 メリットを明確化する ── 106
社員の目線に立って考えよう
社員以外の関係者のメリットも考える

3-4 早めに予告する ── 109
内容が未定でもあらかじめ公表しておく

3-5 参加型にする ── 111
社員の「やらされ感」を解消しよう
実際の進め方／社員まかせにして大丈夫か
ワーク形式が実施できないなどの場合は

3-6 進捗状況を報告する ── 118
「ちょっとを、ちょくちょく」報告する

3-7 会社ルールブックの作成手順 ── 119
「5つのポイント」をおさえたうえで作成しよう

▶ Break time　報連相の本当の意味　133

4章 会社ルールブックの「使い方」

4-1　会社ルールブックはどのように使うのか ── 136
会社ルールブックは使ってナンボ！
職場に浸透させるポイント
転換点まで早くたどり着くために

4-2　ルールブック委員会を設置しよう ── 139
目的を明確にした委員会の設置を／委員会のメンバーの選定
委員会で行なっていくことは？

4-3　ルールブックの使い方の検討方法 ── 143
ワーク形式で検討する／具体的な検討のしかた

4-4　おすすめの使い方①「朝礼・終礼」── 146
参考にできる使い方の例を紹介／朝礼や終礼時に活用する
マンネリでも継続することに意義がある

4-5　おすすめの使い方②「募集・採用」── 148
職場における実際が"見える化"している

4-6　おすすめの使い方③「入社時の説明」── 149
ルールブックがあれば漏れなく伝えられる

4-7　おすすめの使い方④「会議」── 150
会議開催の前に必ずルールを確認する

4-8　おすすめの使い方⑤「身だしなみチェック」── 152
身だしなみは他人がチェックする
きちんとした身だしなみが当たり前という風土に

4-9　おすすめの使い方⑥「研修」── 154
コスト面からも社内研修に使うのが得策

4-10　おすすめの使い方⑦「まわりに見てもらう」── 155
離職を考える社員を家族が止めてくれる効果も

CONTENTS

4-11　おすすめの使い方⑧「その他」 ── 156
　　　内容の前に使い方から検討してみよう
　　　☕ Break time　現場主義のワナ　157

5章　行動科学と会社ルールブック

5-1　なぜ会社ルールブックが行動を促すのか ── 160
　　　意識を変えただけでは働き方改革は実現できない
5-2　行動変容を専門とした学問「応用行動分析学」 ── 161
　　　「ＡＢＡ」とはどういうものか
5-3　「強化」の原理と「弱化」の原理 ── 162
　　　「強化」とは？「弱化」とは？／確認のためのワーク
　　　先行条件を変えていく
5-4　「プロンプト」という行動のヒント ── 168
　　　最初の段階では適切な行動はできない
5-5　会社ルールブックは「プロンプト」だ ── 169
　　　なぜ会社ルールブックは行動を引き出すか
　　　☕ Break time　パフォーマンス・フィードバックの効用　171

6章　会社ルールブックのサンプルページ

【表紙】　174
【会社に関すること】
　　経営理念／行動方針　175

社是／クレド　176
会社概要／会社沿革　177
社長からのメッセージ／組織図　178
会社ロゴ／事業計画　179
年間目標／社内イベント　180
「働き方改革」の方針／災害対応　181
災害ダイヤル171／評価する社員とは　182
評価制度の概要／テレワークに関して　183

【仕事に関すること】
あいさつ／言葉づかい　184
サービス８大用語／朝礼　185
終礼／仕事の８大意識　186
報・連・相／ＰＤＣＡサイクル　187
５Ｗ２Ｈでの行動規範／会議のルール　188
チームワークのルール／アクションのルール　189
名刺交換／電話応対　190
クレーム対応／自己啓発のルール　191
職場の改善・向上／仲間のマナー　192

【職場で守るルール】
入社時の決まりごと／退職時の決まりごと　193
出勤・退勤／欠勤・遅刻・早退　194
残業・休日出勤の申請／休日・休暇　195
年次有給休暇／勤務間インターバル制度　196
休職／試用期間　197
給与・賞与／事故や災害　198
制裁・懲戒／表彰　199
慶弔関連／出産・育児　200

CONTENTS

提出物一覧／機密情報　201
　競業避止義務／ＳＮＳ等の注意事項　202
　セクシュアル・ハラスメント／パワー・ハラスメント　203
【チェックリスト・書き込みページ】
　個人目標／身だしなみチェックリスト　204
　５Ｓチェックリスト／日報フォーマット　205
　３分間フィードバック／評価項目チェックリスト　206
　今週の感謝／会社カレンダー　207
【管理職向けページ】
　管理職の役割／マネジメントスキル　208
　面接時の注意／入社時の注意　209
　退職時の注意／試用期間の判断　210
　欠勤者の取扱い／解雇について　211
　セクハラ・パワハラ　212

各種シートのダウンロードについて　213

　おわりに　214

※「会社ルールブック®」は、榎本あつし（株式会社MillReef 代表取締役）で商標登録しています。

カバーデザイン◎水野敬一
本文ＤＴＰ＆イラスト＆図版◎伊藤加寿美（一企画）

1章

「会社ルールブック」とはどのようなものか

1-1 「打楽打楽（だらだら）支店」の悩み

ある中小企業の1日の出来事

　社員50名ほどの、とある中小企業がありました。
　そのなかの一つの支店である「打楽打楽（だらだら）支店」の、とある1日を見てみましょう。ちなみに、ここで出てくる「上司A」は、別の支店から異動で来たばかりです。

上司A「おいおい、もう出勤時間だぞ。みんなは、まだ来てないのか？」
社員B「だって、まだ5分前ですよ。あっ、みんな来ました」
　ぞろぞろとみんなやってきて、タイムカードをガチャリ。それからトイレに行ったり、コーヒーを入れに給湯室に行ったりしています。おしゃべりは聞こえてきますが、なかなか職場には出てきません。もう始業時間は過ぎています。上司Aはイライライラ…。
上司A「おい、何をやってるんだ。始業時間は過ぎているぞ！」
社員C（ちょっとムッとした様子で）「タイムカードを見てくださいよ。間に合っているじゃないですか」
上司A「そうじゃないだろ…。始業時間を過ぎているんだ。あれっ？　Dさんが来ていないじゃないか。どうしたんだ？」
社員B「Dさんは、昨日の夜に、有休の届を出してましたよ。ほら、そこの机の上に」
上司A「えっ、有休？　えーと、有休申請は3月5日から3月9日まで…。なにっ！　今日から5日間だと！　そんなの急に困るよ！」
　あわててDさんに電話する上司A。
　「……だめだ。電話がつながらない」

社員C「だって、有休の届はいつまでに出せなんて言われてないし、休暇中は仕事から離れていいはずですよ。知らないんですか？　働き方改革ですよ、働き方改革」

上司A「……」

　それから部下は、仕事中もずっとおしゃべり。

　そういえば、まわりを見わたしてみると、ゴミは落ちたままだし、窓などの掃除もされていない様子。

　いくら来客がない事務所とはいえ、誰も気にならないのか…。

社員E「そうそうA課長、私、引っ越したんですけど、住所が変わったら何か届を出すんでしたっけ？　健康保険証ってこのまま使っていていいんですか？」

上司A「あっ、そうか。ちなみに引っ越したのはいつだ？」

社員E「10か月ぐらい前なんですけど」

上司A「なに？　もっと早く言えよ！　君は、たしか寮に入ってなかったか？　会社はずっと家賃を払っているはずだぞ。とりあえず本社に確認してみる」

　そこで、上司は本社に電話をしましたが、本社の担当者はまだ勤務前の時間なので、留守電に残しました。

　すると、10時すぎぐらいに、本社から電話がかかってきました。

本社社員F「なんで、いまごろ言ってくるんですか？　もっと早く連絡してくれないと困りますね。手続きに必要な書類をメールで送りますので、本人に書いてもらってください」

　上司Aは、"私が悪いんじゃないのに…。E君にこの書類を渡しても、書いてくるのは遅くなりそうだな…" と思いつつ、社員Eに手続きの指示をしました。

　その後、なんだかんだで、退社時刻となる定時になりました。

　そういえば、今日は水曜日。この会社では「ノー残業デー」を導入しており、水曜日は17時の定時であがる日です。

上司A「おい、今日はノー残業デーだ。もうあがっていいぞ」

社員一同「わかってます。いまあがりまーす」

みんな、すでにタイムカードの前に並んでいて、次々と帰っていくのでした。

上司A「いやぁ、疲れた。前の職場とは、かなり違うぞ。前途多難だな」

と独り言をいっていると、「トゥルルルルルル♪」。

「おっ、電話だ」

上司Aが電話に出ると、それは取引先からの電話でした。

何やら、今日までに見積もりをもらえるはずで待っていたのに、まだ来ていないという内容の電話でした。

上司Aは担当社員Cの携帯に慌てて電話をしました。

上司A「おい、取引先のZ社から電話がきたぞ。今日までに届くはずの見積書がまだきていないそうだ。なんで、やらずに帰ったんだ。すぐに対応してくれ」

社員C「だって、課長が帰れって言ったじゃないですか。それに、残業禁止は会社の命令のはずです。もう勤務時間を過ぎているので、無理ですよ」

上司Aは、怒りを通り越して、絶望に近い感情を抱きました。

「これが普通なのだろうか…。わからなくなってしまった」

 ## 職場風土は問題があっても当たり前になる

もちろん、「打楽打楽支店」は架空の組織です。少し大げさだったかもしれませんが、これに近い悩みを抱えている経営者や上司は、きっといるのではないでしょうか。

笑い話ではすまされない、実際によく聞かれる話なのです。

さて、この「打楽打楽支店」では、なぜこのような問題が起こっていたのでしょうか？

社員の人間性に問題があるのでしょうか？　そもそも、このような人たちを採用してしまったことが不幸なのでしょうか？

たしかに、多少は採用の問題もあるでしょうし、採用した社員の人間性も問題が生じる要素の一つかもしれません。

しかしこれは、**本当は会社が悪い**のです。このような職場風土をつくり上げたのは、誰でもない、会社側です。

始業時には、どのように仕事を開始するのか、休暇を取るには、どのような手順でいつまでに申請するのか、ノー残業デーで早く帰る際には、お客様とのやり取りはどのようにしておくのか、などなど、本来なら明確なルールを決めて、それを社員全員に浸透させ、実際に行動レベルで実行できるように、指導・育成していく必要があるのを、サボっていたからこそ起きたことなのです。

いわゆる「だらだら体質」の職場風土を会社自らがつくっていってしまったのです。

問題なのは、この組織ではこのような風土がふつうの感覚になってしまっていることです。

外から見たら「こんなのはダメだ」ということでも、この職場ではもう当たり前となってしまっているのです。

「ゆでガエル」の組織

「ゆでガエル」という有名な話があります。

熱湯にカエルを入れると、その熱さにびっくりして飛び跳ねてカエルは助かります。

ところが、最初は冷たい水に入れておいて、そこから少しずつ熱を加えて温度を上げていくと、温度の変化に気づかずに、脱出しないまま茹で上がってしまうという話です（本当は、変温動物であるカエルは温度変化には敏感で、逃げ出すそうなのですが）。

一度、悪い組織風土ができ上がってしまうと、ゆでガエルのように、なかにいる人はその状態に気がついていません。そして気がついたときには、もう脱出不可能。救えなくなっているのです。

では、ゆでガエルにならないためには、どうしたらいいのでしょうか？

それは、ダメなルールが当たり前になっている状況を、**よいルー**

ルが当たり前になるように変えていくことです。

　ダメな状態と同様、よい状態にしておくと、そのなかにいる人たちには当たり前なことになります。やらされ感、負担感、義務感でやっているのではなく、「それが当たり前」なのです。

　その組織のなかで、そのよいルールにもとづいて行動していれば、まわりからは称賛され、認められ、よいフィードバックが起きます。居心地のよい職場になるのです。

　一方、よいルールで働けない人は、まわりからのフィードバックが悪くなり、居心地も悪くなります。それを避けて、よいフィードバックをもらうために、ちゃんと行動するようになっていくのです。これが、組織風土というものです。

よい職場風土にする方法は？

　そうはいっても、それがなかなかできないから、現在悩んでいるというケースが多いのかもしれません。では、どうしたらよい職場風土にしていくことができるのか。

　そのつど、口を酸っぱくして「こうしよう」と言っても、その場では少しはよくなったとしても、すぐに元に戻ってしまったりするものです。職場風土を変えていくことは、簡単にはできないことでしょう。

　そこで、よいルールを当たり前のものとして、職場に浸透させるために、新たなツールを導入し、その手段を使うことで、しくみとしての風土改善を図っていくことをおすすめします。

　それが「**会社ルールブック**」です。

　「会社ルールブック」は、職場で働いている人みんなが守るべきルールをわかりやすく書き記し、手帳のサイズにして、全員に携帯してもらうものです。形としては、社員手帳のようなものをイメージしてもらうとわかりやすいでしょう。

　そのなかに盛り込むルールには、職場の風土をよくするようなも

のをどんどん取り入れていきます。
　いままであやふやだったもの、聞く人によって答えが変わるもの、都合のいいように解釈されているもの——それらをきっちりと文章にして示します。
　新しく「働き方改革」に対応してやっていくこと、制度化することも、わかりやすく盛り込んでいきます。
　さらには、業績を向上させるようなよい行動も、理念につながるようなことなども、働く人みんなの共通のルールとして決めて、それをどんどん行動していくように促していきます。
　こうして、守るべきルール、前向きに取り組むルールなどをしっかりと明文化したルールブックとして、全員で携帯し、常にそれに目を通しながら、実際に行動をしていくことにより、よい職場風土がつくられていきます。

　一度よい職場風土ができてしまうと、しめたものです。お互いによいフィードバックが起きるようになり、よいスパイラルが起きていき、社員の動きが目に見えてよくなっていくのです。
　新たに入社してきた社員も、職場のなかで必ずその風土に染まっていきます。職場でのルールが当たり前になっているからです。
　このルールブックは、社員本人に手渡して、いつでもどこでも読むことができるので、職場での働き方に馴染むのが早くなっていきます。
　このように「会社ルールブック」は、最初にしっかりとつくってしまえば、職場風土を現実的に改善することが可能となるツールなのです。
　一過性の施策ではなく、一度つくって定着させると、継続的に効果を発揮することも大きなメリットです。
　企業の持続的向上につながる、「会社の財産」となるものなのです。

1-2 会社ルールブックは就業規則と何が違う？

 すでに「就業規則」というものがあるけれど…

　私の会社ではもう10年近く、「会社ルールブック」の導入・作成の仕事をしています。

　そして、この「会社ルールブック」の導入を提案すると、ほぼ必ずといっていいほど聞かれることがあります。

　それは、「**就業規則とは何が違うの？**」という質問です。

　「うちの会社では、就業規則をつくってあるけれど、これって『会社のルールブック』のことだよね」とか、「もうちゃんと専門の先生に就業規則をつくってもらっているよ」と言われたりします。

　まずはこの、多くいただく質問である「就業規則とは何が違うの？」から説明します。

　本書で紹介する「会社ルールブック」は、就業規則とは大きく違うもの、と思ってください。

　一番の違いは、なんといってもその「**目的**」です。

　「就業規則」も「ルールブック」もツールであり、手段なので、これを使って何をしたいのか、という目的があるわけですが、その目的が大きく異なっているのです。

　私は、それぞれの目的を次のように定義しています。

> 「就業規則」の目的………企業のリスク回避
> 「ルールブック」の目的…職場風土の醸成

　この目的の定義に関しては、いやそうではない、というようなご意見もあるかと思います。

就業規則には、企業理念を入れる、社員みんなでつくる、前向きな方向性のものにしていく、というようなことをめざして、つくっているという会社もあることでしょう。

　もちろん、それはとてもよいことだと思いますし、よい職場風土にするためのアイデアや決まり事を、会社側・働く側が一緒に考えてつくっていくことは非常に大事だと考えています。

　しかし、私は以前からいつも疑問に思っていました。それを就業規則でやっては、うまくいかないのではないか、就業規則をどんなによいものにしても、職場風土の醸成にはつながらないのではないか、と。それはなぜか。つくっていくなかで、その性質の違いが大きいと気づいたのです。

就業規則の性質は？

　就業規則には、就業規則のもっている「**性質**」があります。
「性質」とはどのような意味か、辞書で調べると次のようになっていました（『デジタル大辞泉』（小学館）より）。

【性質（せいしつ）】
①もって生まれた気質。ひととなり。たち。
　「温厚な性質」
②その事物に本来そなわっている特徴。
　「燃えやすい性質」
　「すぐに解決がつくという性質の問題ではない」

　就業規則の性質、といえば、②のほうの意味でしょうか。
　つまり、就業規則の性質とは、「就業規則、そのものに本来備わっている特徴」のことです。
　この性質を考えると、私はこれを組織風土の醸成に使うためには向いていない。それよりも、トラブルがあったときの対応や、企業のリスクを事前に回避するためのツールとして使ったほうが、より

最大限に活用できるのではないか、と思ったのです。

　具体的にみると、就業規則には、次のような性質があります。

- 法律で記載しなければいけない項目が決まっている
- 労働基準監督署に届け出なければならない
  （従業員10名以上の場合）
- 労使トラブルや裁判などの際に、まず就業規則が確認される
- 言葉が難しくなりがち
- どんな人が関心を持ち、見ているのか

それぞれについて、少し詳しくみていきましょう。

法律で記載しなければいけない項目が決まっている

　少し専門的な言葉になりますが、就業規則には、絶対に記載しなければいけない「**絶対的必要記載事項**」と、会社で決めていたとしたら、記載しなければいけない「**相対的必要記載事項**」があります。

【絶対的必要記載事項】
- 労働時間に関すること（始業、終業、休憩、休日、休暇等）
- 賃金に関すること（計算、種類、締切日、支払日、昇給等）
- 退職に関すること（退職、解雇、定年の理由、手続き等）

【相対的必要記載事項】
- 退職金に関すること
- 賞与や臨時の手当てに関すること
- 安全および衛生に関すること
- 最低賃金に関すること
- 職業訓練に関すること
- 災害補償に関すること

- 表彰、制裁に関すること
- その他、休職、配置転換、出向等

　このように、働く人の条件、義務や権利を明確にすることが、就業規則に本来備わっている特徴、役割の一つです。そして、これは法律で決められています。
　こうしてみると、就業規則は、職場風土の改善よりも、やはり何かトラブルがあった場合に必要となり、その目的を果たすことのほうが、本来持っている性質を最大限に活かせそうな気がしますね。

労働基準監督署に届け出なければならない

　就業規則には、これも法律で決まっていることですが、労働基準監督署に届出をする義務があります。従業員が常時10名以上いる会社に届出義務があり、10名未満でしたら、届け出なくてもよいことになっています。
　労働基準監督署に届け出るということなので、やはり就業規則の目的は、労働基準法にもとづく目的で使われるということです。
　前述の、会社と働く人の間の決め事である条件・義務・権利等を、適当に変えたり、法を下回るようなことがないように、という性質になってきます。
　ちなみに、就業規則の届出義務違反は、30万円以下の罰金となっています。

労使トラブルや裁判などの際に、まず就業規則が確認される

　未払い残業代に関するトラブル、名ばかり管理職のトラブル、解雇のトラブル、パワハラ・セクハラのトラブル、情報漏えいのトラブル、勤怠不良や能力不足に関するトラブル…と、会社側と働く側の間でのトラブルは本当に多く起きています。
　私は、人事コンサルタントという立場とともに、社会保険労務士でもあるので、顧問先から上記のようなトラブルの対応についてた

くさん相談を受け、その解決のお手伝いをしてきました。

そして、このようなトラブルがあった場合に、真っ先に確認されるのが、「就業規則ではどうなっているのか」なのです。

たとえば、就業規則では残業代の計算はどうなっているのか、解雇の事由、ハラスメントに関する規定、機密情報の範囲、服務規律違反に対する懲戒はどうなっているのか、などなど、就業規則にもとづいて行なっているのか、それとも就業規則の規定を超えているのか、が確認されます。

会社と労働者の話し合いでは解決できず、あっせんや労働裁判などの段階になっても、やはり「就業規則ではどうなっているのか」がとても重要視されるのです。

これも、就業規則の持っている性質です。

会社側としては、トラブルのリスクを回避できるように、しっかりと就業規則で決めておき、適切に対応できるような形にしておくことが、重要なのではないでしょうか。

言葉が難しくなりがち

就業規則の性質の4番目は、書き方の問題です。

上記までの3つの性質上、就業規則はどうしても多少の専門用語を使ったり、難しい言い回しになってきてしまいます。

たとえば、「訓戒」「譴責」「法定」「競業避止」「専断行為」「諭旨解雇」といった専門用語や、「○○ねばならない」「○○するものとする」「○○とみなす」といった言い回しです。

私自身、法律的な専門用語や言い回しにはかなり慣れているほうですが、それでも就業規則を読んでいるといまでも眠くなります。

人事に関する専門家で、ふだんから法律用語を使っていたり、固い文章を読み慣れている人ならまだしも、あまり法律に関わりのなかった人が読んだ場合、果たしてどこまで就業規則の内容が伝わるのでしょうか。

私の事務所でも、文書を「ですます調」で作成したり、可能な限

り平易な言葉に置き換えて作成したりはしていますが、それでもわかりやすさ、親しみやすさには限界があります。

たいていの働く人にとって、不慣れな文章と難しい言葉は、理解への大きなハードルになります。

ふだんから就業規則を見て、職場風土をよくしようということには向いておらず、何かあったときの法律的な対応に適していることは、やはりこの点も大きな要素です。

 どんな人が関心を持ち、見ているのか

これは、就業規則の5つ目の性質です。経営者との打ち合わせや少人数のセミナーなどで、私がよく話していることでもあります。

しかし、さまざまな立場の方が読むこの本のなかで、このことを書くことは、実はちょっと勇気がいることでした。

でも、これは本音で考えていることですし、実際、14〜15年近く人事コンサルタントや社会保険労務士の仕事をしてきて実体験していることでもあり、現実を伝える必要もあると思っています。

読者のみなさんには「**就業規則に関心のある社員は、どのような人なのか**」ということを、しっかりと考えていただきたいのです。

私が就業規則の作成に関わった会社で、作成後に社員説明会を開催することがあります。

そのときに、多くの社員が開いているページは、「理念」などの会社が伝えたいところではありません。給与・賞与・休日・休暇・退職など、個人の権利・義務に関するところばかりに関心が高くなっており、そのページを開いているのです。

これは、どちらが悪いということではなく、もちろん、働く人の意識が低いというわけでもありません。

立場の違いだけなのです。働く人にとっては、このような雇用条件や義務・権利に関心が高くなるのは当たり前のことです。

◎就業規則と会社ルールブックの違い◎

	就業規則	会社ルールブック
目的	労使トラブルの防止	組織風土の向上
法律	労働基準法や労働安全衛生法などで決められている	法律で決められてはいない（ただし、違法なことはもちろんダメ）
表現のしかた	●文章が難しい ●通常は文章だけ	●文章が平易 ●イラストや写真が多め
設置	会社や組織ごとに1冊	1人に1冊
内容	労使間の義務や権利などの決まりごと	日々の仕事で守ること、やっていくこと
大きさ	A4サイズが多い	手帳サイズ
形	多くがファイルに入っている	会社オリジナルのバリエーション
改定	意見書や届出が必要	いつでもできる
関心のある人	●退職を考えている人 ●雇用条件を確認したい人	●会社の方向性や将来性を知りたい人 ●職場の実態を知りたい人

そして、就業規則はそれを明確にすることが役割であり、その性質を持っているのです。

就業規則に理念や指針、ビジョン、ミッションなどを記載し、社員に浸透させようという会社側の意図は、残念ながら実現しません。就業規則というツールが、そのような性質のものではないからです。

一方、「会社ルールブック」には、そのような"しばり"はあり

ません。

　労働基準監督署に届け出る義務もありませんし、必ず記載しなければいけない項目もありません。平易でわかりやすい言葉で表現することができ、いつでもどこへでも持ち出すこともできます。

　ルールブックと同じような要素を、無理に「就業規則」というツールに盛り込み、それを使おうとするよりも、それぞれの性質に合った内容、使い方にするほうが、それぞれ存分にその役割を発揮できるのです。

　会社ルールブックでは、思う存分「理念」を伝えましょう。

　そして、思う存分「みんなで決めて、やっていくこと」を記載して、毎日見るようにしましょう。会社ルールブックは、それができるツールなのです。

　就業規則と会社ルールブックの違いをまとめると、前ページ表のとおりです。

 ## ノコギリとノミ

　私はよく、「就業規則」と「ルールブック」について、「ノコギリ」と「ノミ」にたとえて説明をします。

　「ノコギリ」と「ノミ」は、どちらも木を加工するというものに区分されるツールです。しかし、その目的は少し異なります。

　ノコギリは、木を切断するためのツールで、大きい木や板などを、小さい形に切ることを得意にしています。たくさんの木を切断したい場合に、このノコギリは活躍してくれます。

　一方、ノミも同じく木を加工するツールですが、目的は細かい細工を入れることです。彫刻や削るなどの加工を得意にしています。

　つまり、ノコギリの持つ性質とノミの持つ性質があり、その性質は、それぞれの目的に対して一番適したものになっているのです。

　たとえば、ノコギリで細かい加工をしようとしても、時間もかかり、大変な思いをしてやっても、出来栄えはよいものにはならないでしょう。

ノミも同様で、たくさんの大きな木や板を切ろうとしても、いつまでたっても作業を終えるのは無理そうです。

このように、同じ木を加工するツールであっても、それぞれの目的に応じて、得意とする性質があり、その性質を存分に活かす使い方をすることによって、より目的を果たせるようになるのです。

それなのに、ノコギリは木を加工するツールだからとノコギリを改造し、ノミの機能も設けて細かい加工をしようする。それでよい彫刻ができるでしょうか。

わざわざそんなことをしなくても、適したツールを使い分けて活用していくほうが、時間も労力も出来栄えもよくなるはずです。

それぞれが得意な役割でもって、性質を活かして使えばよいのです。

もし手を加えるのであれば、本来のノコギリの役割を存分に発揮できるように、よいノコギリにしていく。同じようによいノミにしていくのです。

中途半端に、どちらにも両方の機能を持たせたり、違う用途に使おうとしても、それはやはりうまくいかないのです。

就業規則と会社ルールブックは、どちらも会社の職場や組織における決まりごとに関するツールです。

しかし、就業規則には就業規則の性質があり、それを存分に活かして、トラブル防止や、問題発生時などに判断する根拠として活用します。会社側の立場でいえば、リスク回避のために使っていくわけです。その目的につながるような、よい就業規則にしていきましょう。

一方、よい組織風土を醸成していくという目的のためには、それに適したツール、つまり会社ルールブックを最大限に活用していく。

日々の職場におけるふるまいのルールや、みんなでめざしていく目標などは、その目的に適した性質を持つ会社ルールブックを最大限に活用していきましょう。

中途半端に、どちらの機能も持たせるようなことをして、うまく目的につながらない、ということにならないようにしたいものです。大事なのは、ちゃんと目的に近づくことができるかどうか、なのですから。

私は、このことを実現したくて、会社ルールブックをつくってきました。

会社ルールブックの目的は、「組織風土の改善、向上」です。それにつなげる現実的な手段、ツールとして、会社ルールブックの存在意義があります。

その目的につなげることと、会社ルールブックの持っている性質を考えると、単に就業規則にあるような労使間の決まりごとだけではなく、会社ルールブックには「企業理念」や「将来のビジョン」「社長から社員へのメッセージ」「チームワークのルール」などの項目が必要になってきます。

そして、これらの項目を社員に浸透させ、日々、実際にみんなが行動できるようにするために、最適な性質を持つツールが「会社ルールブック」なのです。

1-3 「会社ルールブック」とはこのようなもの

小さめの手帳サイズが最適

「会社ルールブック」は、「組織風土の改善・向上」を目的にしたもので、それを実現するためのツールです。

しかし、いままでこのようなツールを見たことがない、という方も多いでしょうから、もう少しイメージしやすいように紹介していきたいと思います。

まず、形は会社や組織ごとに変わります。

写真のように、小さめの手帳サイズにすることが多いです。社員全員に1冊渡して、ふだんから持ち歩けるようにすることが大事なので、上着のポケットやカバンに入れられる大きさにします。

綴じ込みで冊子にする場合もあれば、用紙だけ印刷し、手帳にはさみ込むようにして使う場合もあります。

表紙には、会社のロゴマークや社名などを入れることも、多くあ

ります。やはりせっかくつくるのですから、会社オリジナルの愛着のあるものにしたいところです。

中身については、これも会社ごとに記載する内容もレイアウトなども変わりますが、下のような感じになっています。これは、「休日・休暇」に関する箇所で、その会社オリジナルの休暇制度などが記載されています。

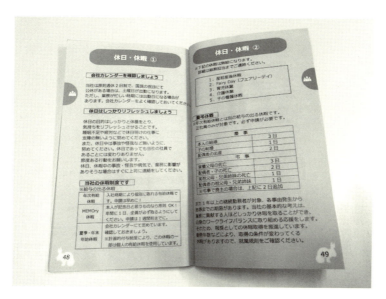

ページ数も会社によってまちまちで、少なくて30ページぐらい、多い場合は80ページぐらいのものをつくったこともあります。

 会社ルールブックに盛り込む内容

会社や組織によって、内容は大きく異なる「会社ルールブック」ですが、オススメの構成として、次のような大きな4つの項目について、記載するように提案しています。

---

①会社に関すること　　②仕事に関すること
③職場で守るルール　　④チェックリスト・書き込みページ

また、これに加えて「**管理職向けページ**」を掲載することがあります。これは、一般社員向けとは異なる内容で、管理職向けに伝えたい内容が書かれているページです。
　たとえば、「退職時の手続き」「パワハラ・セクハラ等のハラスメント」「欠勤者の取扱い」など、一般社員への対応のしかたなどの内容となることが多いです。このように、立場によって違う内容のものをつくるかどうかは、どんな目的で会社ルールブックを活用するのかで、変わってきます。

　さて、先ほどの４つの大きな項目ですが、それぞれどのようなものを記載していくのか、以下でちょっと詳しく解説していきます。
　ちなみに、具体的な１ページ単位のものは、６章の「サンプルページ」に掲載しています。どのようなページがあるかは、そちらを見てご参考にしてください。

①会社に関すること

　その名のとおり、会社に関する内容を記載します。
　たとえば、設立からの社歴、経営理念、行動指針なども、このカテゴリーに入ります。冗談に聞こえるかもしれませんが、私がたまに若手の社員に、「社長の名前をフルネームで知っていますか？」と聞くと、「えっ…」と、すぐに出てこないことがあったりします。会社側が思っているほど、社員は会社のことを知らないものです。
　取引先やお客様から会社について質問を受けたときなどに、自社のことを説明できないのは、やはりよいことではありませんね。
　社長の名前でさえあやふやなのに、経営理念の浸透なんて、なにをかいわんや、です。浸透させるためには、まずは会社ルールブックに明記して渡しておくことです。
　会社について最初はあやふやでも、たとえば取引先を訪問する前にチラッと見て確認したりしていくうちに、ちゃんと覚えて、浸透していくようになります。

> ## 理念・ミッション
>
> 　私たちの理念は「見える行動・測れる向上」。
> 　私たちにしかできない「行動」へのアプローチを用いて、より具体的より現実的な「人」に関するサポートを行なっていきます。
> 　そして、取り組む施策は楽しいもの――。
> 　ギスギスした職場ではなく、楽しく充実した職場を実現いたします。
>
> - 経営者がまわりから賞賛される。
> - 社員が喜んで会社の自慢をする。
>
> 　そのような企業を、少しでも多く増やしていくことが私たちのミッションです。
>
>
>
> 　　　株式会社MillReef（ミルリーフ）
> 　　　代表取締役　榎本 あつし

（筆者の会社のサンプル）

　会社のことで、社員に伝えたいことがあれば、しっかりと会社ルールブックに明記しておきましょう。
　もし、会社のロゴ、社歌（最近では少ないでしょうか）、組織図、事業計画などがあれば、これも掲載してどんどん社員に浸透させていきましょう。

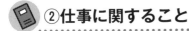
②仕事に関すること

　これは、ふだんの仕事を職場でやっていくにあたって、「うちの会社はこのようなやり方でやろう」というように、その会社や組織、職場ならではの、みんなの共通の「仕事に関する」ルールです。

　おそらく、会社ルールブックのなかでも、一番その会社ならではのオリジナルな要素が盛り込まれ、いろいろとユニークなページができ上がるところです。

　たとえば、「あいさつ」「身だしなみ」「朝礼のやり方」「会議のルール」「提案のしかた」「ホウ・レン・ソウ」「週報の活用」…など、それぞれの仕事について、その会社・組織なりのやり方のルールをここに記載します。

　このページに書かれた内容こそが、会社風土と呼ばれるものに直結するのではないでしょうか。

　たとえば、朝のあいさつがあまり元気なく、目も合わさずにやっている職場と、元気よく笑顔であいさつしている職場とでは活気が違うでしょう。

　また、身だしなみがちゃんとしている職場とみすぼらしい職場、会議がダラダラと長引いて結局何も決まらないチームときっちり時間どおりに目的に達するチームも違うはずです。

　いままで、なんとなくのローカルルールでやっていたことを、会社ルールブックで明文化して明確に伝え、みんなで書かれている内容を見ながら、取り組んでいくのです。

　また、3章の「会社ルールブックのつくり方」でも触れますが、この「仕事に関すること」の一部は、研修ワークなどを通して、社員自身に考えて作成してもらうことをおススメしています。

　「チームワークのルール」「職場の改善のルール」「自己成長のルール」など、「守る」というよりも「めざす」というような前向きな決まりごとを、社員みんなで考えたうえで決定して会社ルールブックに記載すると、とてもよい効果を発揮します。

チームワークのルール

　私たちはチームとして一丸になって、大変なときは助け合い、喜ぶときはみんなで分かち合う仕事をしていきましょう。

1．困っている人がいたら、声をかけよう
2．自分の得意なことは、まわりにも広めよう
3．相手の立場になって考えよう
4．されて嫌なことはしない
5．されて嬉しいことをしよう
6．部署同士でのミーティングの場を持とう
7．他部署の目標を共有しよう
8．仲間の苦手なことを補おう
9．お互いに切磋琢磨して成長しよう

（筆者の会社のサンプル）

　たとえば、「生産性を上げるためのルール」というようなテーマを掲げ、社員同士で具体的に何をやっていくのか話し合って決める。そして、それを会社ルールブックに記載して、毎日確認しながら行動していく──この「仕事に関すること」は、「働き方改革」にも直接つながる項目になっていきます。

③職場で守るルール

　この項目は、どちらかというと「就業規則」に近いような項目になります。たとえば、「勤怠のルール」「休日・休暇」「給与・賞与」とか「慶弔休暇」「提出物一覧」「機密情報」などです。

　ただし、項目は同じでも「会社ルールブック」で大事なのは「わかりやすさ」です。

　そのために文章や言葉はできるだけわかりやすく、結びの言い回しも「～しなければならない」ではなく、「～しましょう」のようにする必要があります。

　社員が読んでどう思うか──その目線で書くように心がけましょう。

　また、もっと大事なことは、会社として本当に日々守ってほしいルールを書くことです。何かあったときのためやトラブル時に使うようなルールを記載するのではなく（それは就業規則に任せましょう）、会社ルールブックでは実際に職場で振る舞うことの決まり、守ること、やっていくことなどを記載します。

　たとえば、「年次有給休暇」という項目なら、就業規則においては、おそらく次のように記載されていると思います。

第○○条
　勤続6か月以上継続勤務し、所定労働日数の8割以上出勤した者に、次のとおり年次有給休暇を与える。

勤続年数	6か月	1年6か月	2年6か月	3年6か月	4年6か月	5年6か月	6年6か月
付与日数	10日	11日	12日	14日	16日	18日	20日

2．有給休暇は原則として指定された時季に与えるものとするが、会社が事業の正常な運営を妨げると判断した場合は、他の時季に変更することができる。

> 3．当該年度に新たに付与した有給休暇の全部または一部を取得しなかった場合には、その残日数は翌年度に限り繰り越される。
> 4．年次有給休暇は半日単位の取得も可とする。
> 5．有給休暇を取得した日については、通常の賃金を支給する。
> 6．年次有給休暇の出勤率の計算において、次の場合は全労働日から除外する。
>   ①会社都合による休業期間
>   ②休日労働日
> 7．出勤率の計算において、次の場合は出勤したものとする。
>   ①年次有給休暇を取得した日
>   ②産前産後休業を取得した日
>   ③業務上の疾病により休業した日
>   ④育児・介護により休業した日
> 8．労使協定を締結した場合は、5日を超える日数につき、時季を指定して年次有給休暇を付与することがある。
> 9．やむをえない事情があり欠勤した日において、会社が認めた場合に限り、事後に欠勤日を有給休暇にあてることができるものとする。ただし、この場合は欠勤後最初の出勤日に申請しなければならない。
> 10．年10日以上の有給休暇を付与された者は、最低5日を付与日から1年間に確実に取得できるよう、自身の取得計画を立案するものとする。

　このような規定は、会社と働く人の関係において、必要な決めごとです。

　休暇に関することは、就業規則に明記しなくてはいけませんし、また有休の取得日数や翌年度まで繰り越せるというようなことは、労働基準法にも決められている会社側の義務でもあります。

　しかし、本当の職場のルールとしては、権利・義務を確認することではなく、実際に職場でこの有給休暇をどう活用してほしいとか、

> ### 年次有給休暇
>
> ● **年次有給休暇を活用しましょう**
> 　頑張る社員の有給休暇の取得は非常に歓迎しています。仕事にも私生活にも充実した人生を送ってほしいとの考えからです。年次有給休暇は効果的に活用してください。
>
> ● **年次有給休暇は2週間前に申請**
> 　取得する際は、突発的な緊急の場合を除いて、原則として取得日の2週間前までに申請しましょう。急な場合は、まわりの仲間に負担をかけることになります。また、業務に支障が出る場合は、取得日を変更することがあります。
>
> ● **半日単位の取得も可能です**
> 　半日単位での有給休暇の取得もできます。
> 　この半日有給休暇は4時間までは0.5日で数えます。4時間を超えた場合は、1日となります。
>
> ● **事後の有給休暇の取得について**
> 　ケガ・病気等の突発的な理由の場合、事後に有給休暇を取得することもできます。ただし、事後でも申請手続きは必要です。
>
> ● **必ず年間5日を取得しましょう**
> 　自身で計画を立てて、必ず5日間は取得するようにしましょう。

（筆者の会社のサンプル）

　もし申請するならこのようなやり方で提出しましょう、ということなのです。
　そのため、「会社ルールブック」には、上のように記載することになります。

④チェックリスト・書き込みページ

　この項目は、記載された内容を読んでもらうだけではなく、もっと積極的に主体的に使ってもらうためのページです。

　会社ルールブックをどのように活用するか、その目的に応じて、この項目を入れたり、入れなかったりすることがあります。

　就業規則の項目をわかりやすくして、必要なことを社員みんなに知らせておこうというような目的、あるいは決まりごとを伝えることのみを目的にするのであれば、この項目は設けないことがあります。

　また、ふだんから手帳代わりに会社ルールブックを開いて書き込んだり、いろいろなチェックリストを使いながら、毎日の仕事を進めるというような使い方をする場合もあります（朝の清掃、会議の進め方など）。

　さらに、4章の「会社ルールブックの使い方」で詳しく紹介しますが、このようなツールは「使う機会」を意図的に設けないと、みんな取り出すことはしないで、ただページをつくっただけのものになりがちです。

　このような「チェックリスト・書き込みページ」を設けることで、取り出してみる機会、使う機会をつくっていくことも大事だったりするのです。

　なお、このページも会社によって内容が大きく変わり、オリジナリティの要素が強いページです。ぜひ、愛着のある会社ルールブックにするためにも、取り組んでみていただきたい項目でもあります。

　具体的な項目としては、「個人目標のページ」「今日の感謝」「3分間フィードバック」「評価項目チェックリスト」「身だしなみチェックリスト」「5Sチェックリスト」などがあります。

５Ｓチェックリスト

● 毎日続けるチェックがきれいな環境をつくり出します。始業前・終業後に、必ず５Ｓをチェックしましょう。

５Ｓ	チェック項目
整理	□ 通路・職場に不要品は置かれていないか
整理	□ 机の上等に物が必要以上に置かれていないか
整理	□ 机の中・周辺に不要品は置かれていないか
整頓	□ 置き場の区分表示がされ、汚れ・剥がれはないか
整頓	□ 物は正しく元の位置に戻されているか
整頓	□ 置き方は正しいか（配線・キャビネット・机）
清掃	□ 床・通路にゴミ・汚れはないか
清掃	□ ＯＡ機器・棚・ゴミ箱などに汚れはないか
清掃	□ 窓・壁・ドア・休憩室などの施設に汚れはないか
清潔	□ 換気はきちんとできているか
清潔	□ 出社・帰社時の手洗い・うがいはできているか
清潔	□ ゴミ箱は毎日きれいにしているか
しつけ	□ 服装・髪に乱れはないか
しつけ	□ あいさつ、感謝の言葉を自分から発しているか
しつけ	□ 職場のルールを守っているか

（筆者の会社のサンプル）

　大項目の例を４つほど見てきました。もちろん、必ずこのような項目を入れる必要はありません。「会社ルールブック」は、本当の「働き方」をつくっていくツールです。その目的に合わせてどんどん工夫を重ねて「実際に使える」ものにしていきましょう。

管理職向けページ

　最後に、ケースは少なめですが、たまに作成するページを紹介します。「管理職向け」のページです。組織においては、立場の違いで守るべきもの、やっていくことは変わります。管理職の立場でのみ、必要となる会社のルールがあるわけです。

　部下の振る舞いに関すること、人事権のある立場の社員が気をつけること、労務トラブルになるようなこと——これらは、管理職としては必要な項目ですが、一方でほとんどのちゃんと頑張ってくれている社員に対して示すことは、あまりよいことではありません。わざわざ問題が起きることに身構えているのか、というような印象を与えてしまうからです。

　そこで、盛り込む項目としては、以下のようなものを、管理職の知識としてや、いざ起きたときの対応のために記載しましょう。

- 管理職の役割
- 入社時の注意事項
- 試用期間の判断
- 解雇について
- 面接時の注意事項
- 退職時の注意事項
- 欠勤者の取扱い
- セクハラ、パワハラについて

　管理職には、部下の管理という役割があります。しかし、なかなかそれが身についていないのも、会社の悩みではないでしょうか。
　「管理職になったときに研修はしたけれど…」とよく言われるのですが、研修を1回や2回実施したところで、スキルとして身につくことは難しいのが実情です。
　まずは、何か起こったら会社ルールブックで確認するという実用的な使い方を心がけるとよいと思います。

1-4 ルールには2つの種類がある

「守りのルール」と「攻めのルール」

「会社ルールブック」とはどのようなものか、見てきましたが、実は「ルール」には大きく2つの種類があります。

「やってはいけないという決まりごと」、いわゆる**守るべき**「ルール」と、「こうやっていこうという決まりごと」、いわゆる**攻めるべき**「ルール」です。

「職場のルールを決めましょう」というと、どうしても前者の「やってはいけない」というようなルールをイメージしがちです。しかしそれだけではなく、方向性を定めることもルールですし、「法則」という類のものも「ルール」と呼んだりします。

たとえば、「成功のルール」「強者のルール」なども、よく使われる「ルール」の例です。

2人以上いる企業体、組織体においては、やはり守りも攻めも、どちらのルールも必要なものではないでしょうか。

そして、会社ルールブックを作成するのであれば、この両方のルールを織り込んでおきたいものです。

「守りのルール」とは

複数の人が、同じ空間で仕事をする以上、当然、決まりごとはたくさん出てきます。多様な考え方、価値観があるなかで、決まりごとがきちんとしていないと、自分勝手な基準で行動するようなことが起きてしまいます。それでは「秩序」がない社会と同じです。

仕事を始める時間は何時からか、終わるのは何時までか、これも当たり前ですが、決まりごとであり、「ルール」です。

「営業のために、取引先を料亭で接待をしてもいいですよ。でも、

1人につき金額は1万円までにしてください」というのも、やはり「ルール」ですね。

あまり意識はしていなくても、このように数えきれないほどの決まりごと、ルールが存在しています。

これらは、ある程度、行動に「制限をかける」ルールです。「**守りのルール**」というとわかりやすいでしょう。

このような「ルール」がないと、安心して働くことができなくなってきます。それこそ、「やったもの勝ち」というような社会になってしまいます。

時間は守らない、経費は使いすぎる、という社員がいたら、一緒に働く人は安心して職場で仕事ができなくなりますね。

日本には「法律」というルールがあるので、暴力や略奪などの犯罪に巻き込まれる心配はありません（なくはないですが、ある程度は安心できるはずです）。これも法律という「ルール」があるからこそ安心できるわけです。

「攻めのルール」とは

ルールのもう一つは「**攻めのルール**」です。「〜はしない」ではなく「〜しよう」という決まりごとです。

たとえば、「失敗を恐れずにチャレンジしていこう」とか「困っている仲間には手を差しのべよう」などです。

組織風土をつくるこのような「攻めのルール」もあれば、「事業計画達成のために、毎日お客様を訪問しよう」というような目標に向かっての「攻めのルール」、「1日30分、必ず本を読もう」というような個人の成長につながるための「攻めのルール」もありますね。

企業理念の実現、事業目標の達成、組織風土の醸成において、このような「攻めのルール」も、きっと各会社でたくさん想定しているものがあるはずです。

しかし、経営者や幹部の頭のなかにはあっても、社員一人ひとりの行動に現われなければ、これらはいつまでも叶いません。

そこで、会社ルールブックに「攻めのルール」という形で明文化し、ふだんから目に見えるようにして、お互いに共有し、行動していくのです。

私は、よくセミナーなどではホワイトボードに次のような絵を描いて、「守りのルール」と「攻めのルール」の説明をしています。

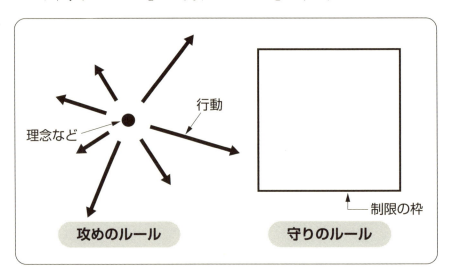

絵だけ見ても、何のことだかわかりづらいかと思いますので、説明を加えておきましょう。

まず、左側の「攻めのルール」の図には、真ん中に「企業理念」や「方針」「ビジョン」というようなものがあり、それを根拠にして、社員はいろいろな行動を実践していくわけです。「**理念にもとづいて行動しよう**」というのが、「攻めのルール」です。

しっかりと理念にもとづいていれば、行動はそれぞれの個人が自分で考えて自由に行動するわけです。多くの会社が、このような理念経営をめざしていることでしょう。これが浸透していけば、強い企業になれそうです。

たとえば、「わが社はホスピタリティ（おもてなし）を理念としている。理念にもとづいた行動は、自分自身の判断でどんどん行動してほしい」というようなものです。

一方、図の右側「守りのルール」には、制限の枠があります。

なんでも「やったもの勝ち」としては、秩序のない、安心して働けない職場になるとともに、対外的にもコンプライアンス違反などによるリスクとなり、経営にとってはとても重要な要素となっています。しっかりと必要な制限を明確にする必要があるわけです。

この制限の枠は、その組織にいる人たちの共通のもので、たとえれば、制限速度は「時速50km」というような共通の「守るルール」があるというイメージです。この枠があるおかげで、「時速100km」を出す車はない、という安心感が得られます。

できるだけ速く移動したい場合でも、このような共通の制限があるおかげで、「やったもの勝ち」の危ない世界にならずにすむわけです。

また、言い換えれば、「守りのルール」には「この枠のなかであればOK」という意味もあります。

時速50kmの道路は、50kmまでだったら出していいのです。このように、「ここまでならOK！」というように「守りのルール」をとらえることができると、視点は大きく変わってきます。

先ほどの図の「攻めのルール」と「守りのルール」を重ねてみましょう。

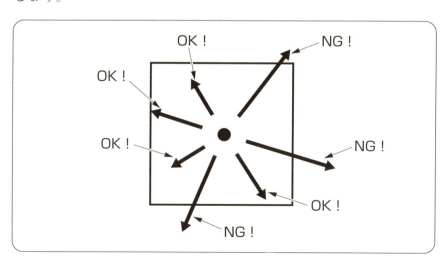

理念にもとづく行動は、どんどんやってほしい、しかし、何をやってもいいのか、というと、それは違います。
　「ホスピタリティ（おもてなし）にもとづく行動なので、困っているお客様に特別に50％引きで提供しました！」
　これは、ちょっと極端な例かもしれませんが、「商品の割引は〇％まで」というような制限の枠がないと、このようなことがまかり通ってしまうかもしれません。必要なものなのです。
　そして、この制限の枠も考え方によっては、先ほどの制限速度のように、「ここまでだったらＯＫ！」の枠となるのです。
　「割引がよい」というわけではありませんが、ある会社では理念にもとづく行動なら、自分で考えて一定の金額まで、個人の判断で決めてもいいよ、というようなルールをつくっています。
　その制限の枠のなかで、いろいろ考えて、お客様にホスピタリティにもとづく行動をする――制限の枠があったほうが、安心してここまでなら大丈夫という判断ができて、思い切った行動ができるものなのです。
　コンプライアンス違反をしない範囲、まわりに迷惑をかけない範囲、予算を超えない範囲、他の仕事に影響を与えない範囲――このような制限をしっかりと全員に共通の「守りのルール」として決めてあげて、そのなかで、理念などにもとづいた、やっていこうという「攻めのルール」を浸透させることで、会社や組織のめざす方向へ行動できる人が増えていくのです。

1-5 「会社ルールブック」を会社の財産にしよう

 言行一致の道しるべ

「会社ルールブック」は、その会社の持っている「よさ」を凝縮したツールになっていきます。

最初のうちは、その「よさ」が一部でしか現われていなかったり、経営陣はその「よさ」を理解できているものの、なかなか一般社員にまで浸透していないことも多いかもしれません。

しかし、この会社ルールブックを使っていくうちに、それが浸透して、**会社の組織風土が凝縮された「財産」**になっていきます。

新しい社員が入ってくると、この会社ルールブックに書かれていることがまず知識として頭に入り、そして実際にまわりの社員がやっていることを見て、再度、会社ルールブックで確認する——そうすれば、その会社の風土が身につくことも早くなります。

逆にいうと、会社ルールブックに書いてあるのに、誰もそのとおりにやっていなければ、後から入ってきた社員も、行動する人にはなっていかないでしょう。また、守るべきルールがきちんと書かれていなければ、どの社員の振る舞いややることを真似していけばいいのかもわかりません。同じ職場の先輩社員などの行動が、新入社員の会社への信頼や安心につながっていくという点で、とても大きな影響を与えるわけです。

会社ルールブックを「言行一致」の道しるべにして、社員みんなでちゃんとそのとおりに行動する——それを心がけて、このツールを進化させていくことをめざしてほしいものです。

 持続経営のためのツールにする

私は、企業にとって一番大事なことは**「持続経営」**だと思ってい

ます。

　もちろん、いろいろな目的があって経営は行なわれています。短期的な利益を目的にすることもあるでしょうし、利益ではなく社会貢献が目的である、という場合もあるでしょう。

　ただし、会社には従業員がいて、その人たちの生活もあります。そして当然ですが、会社が貢献しているお客様もいますし、関連している取引先もあります。

　ある程度、持続して経営していくという使命は、どの会社にも求められものではないでしょうか。そして、持続経営をしていくのであれば、属人的な要素に頼ることから脱却しなければなりません。

　影響力の強い管理職がいるから職場の秩序が保たれている、というような組織を見かけることがあります。しかし、その上司が辞めたら、その影響力はなくなってしまい、部下が自分勝手に振る舞うようになり、秩序も保てなくなった――これでは、ダメなのです。

　秩序だけでなく、業績に関しても似たようなことが起こるでしょう。企業体として持続経営をしていくのであれば、属人的な要素に頼り過ぎずに、いつでも誰にでも影響を与えられるしくみをつくっておかなければいけないのです。

　そのための組織風土やめざすものを明文化した「会社ルールブック」。作成後もどんどんよいものにしていって、会社自体の財産にしていきましょう。

研修を行なうだけではなく、しくみの確立を

　組織風土を変えるために取り組むことの一つに、「社員研修」があります。どちらかというと、こちらの取組みのほうがすぐに思いつかれるかもしれません。

　ただし、ここはぜひとも考えてほしいのです。社員研修、特に単発で意識改革を行なうような研修が、本当に会社のためになっているのかどうか、ということをです。

　社員に前向きな意識を持ってほしい、モチベーションを上げてほ

しい、ということは経営者や管理職の切実な願いだと思います。

　たしかに研修は、非日常の場でやることが多いので、一時的には意識改革やモチベーション向上をもたらすことにはなるでしょう。

　しかし、それはあくまでも研修の場だから起きることであって、実際に仕事をするのは、会社の職場です。

　たとえば、1日研修で8時間やったとしても、職場で仕事をするのは、年2,000時間近くあります。割合でいえば、研修時間は総労働時間のわずか0.4％です。

　研修がまったくムダとはいいませんが、たったこれだけの時間で、どれだけ毎日の仕事に影響を及ぼすことができるのでしょうか。

　1年に1回、意識改革やモチベーション向上の研修を行なっても、職場がまったく変わらないようであれば、それは研修前の元の職場に戻っているということでしょう。当たり前のことなのです。そして、みんなの意識が低くなってきたので、また研修を行なう…。

　これでは、研修を受注する会社にとってはありがたいことですが、果たして研修を受ける会社のために本当になっているのかどうか、疑問というわけです。

　しかも、研修には大きなコストがかかるはずです。研修会社に依頼するコストだけではなく、移動などのコスト、ふだんの仕事を中断して研修を受けることによる目に見えないコストもあります。

　そのコストを、**会社の財産となる「しくみ」の構築**に費やしてはどうか、と私はいつも思っているのです。0.4％ではなく2,000時間のほうを変えることに取り組むのです。

　毎日の職場を変えることは、最初は研修よりも効果が見えづらく、なかなか取り組みづらいことではあります。しかし、しっかりと取り組んで、一度よい職場風土ができ上がれば、これほど強いものはありません。

　社員は自動的に成長し、会社のめざす振る舞いが身につくようになってきます。そんな取組みを実践することの一つに、この「会社ルールブック」の導入があるのです。

Break time

ルールでしばると自由がなくなる？

✔ 野球における「自由」の効用

　社員研修やセミナーなどで、よくスポーツ選手が取り上げられることがあります。

　元メジャーリーガーのイチロー選手や野茂英雄投手など、尊敬する人にもあげられますし、彼らがやっていたことを模範にしようというようなこともよく言われます（ただし、最近の新入社員研修では、この2人を知らないという若者が出てきているのですが…）。

　この2人がどうして尊敬され、目標にされるかというと、「自由」というキーワードが出てきます。

　もちろん、実績自体もすごいのですが、それに加えて、彼らは他にはないユニークなフォームをしていたのです。

　イチロー選手は、右足を振り子のように使う独特な「振り子打法」。野茂投手は、体を思い切りひねって、背中を打者のほうに向けてから投球する「トルネード投法」。どちらも本当にユニークです。

　本来、このような独特なフォームは、プロになったら監督やコーチから矯正されるケースが多いのです。アマチュアでは通用しても、レベルが高くなるプロでやっていくためには問題あり、という理由で、通常はフォームを矯正させられるのです。

　しかし、この2人がプロで活躍しだしたときの監督が、個性を重要視して強制せずに「自由」にやらせた、ということで、2人は素晴らしい選手になれた、といわれています。

　そのときの監督が、仰木彬監督です。野茂投手は近鉄バファローズ時代、イチロー選手はオリックスブルーウェーブ時代にいずれも監督だったのが仰木監督で、名監督といわれています。

✔ 自由の意味をはき違えない

このような実例から、部下をマネジメントする際には、やり方などをしばって矯正するよりも、自由に主体的にやらせたほうがよい人材が育つ、ということがいわれたりします。

実は、私が「会社ルールブック」に関する講演をするときにも、同じような意見をいただくことが多くあります。「ルールでしばるよりも、自由を大事にしたほうがよいのでは」というように、です。

私のセミナーでは、会社にルールがあることのメリット、デメリットについて受講者に考えてもらうようにしていますが、このときのデメリットの回答では、「自由度がなくなって力が発揮できない」というようなことを言われるのです。

しかし、これは「自由とルールの意味をはき違えている」と、指摘させていただいています。

イチロー選手も野茂投手も、「野球のルール」「チームのルール」というものはしっかりと守ったうえで、そのルールのなかでOKとなる範囲で、個性を発揮して活躍したのです。

自分勝手にそれらのルールを破って、やったもの勝ち、の意識でヒットをたくさん打ったり、三振を取ったわけではありません。

野球選手全員に共通のルールはしっかりと守ったうえで、個性を発揮して活躍したからこその栄誉なのです。

同様に、法律などのルールや、職場で決められている社員全員に共通のルールを守ることと、自由度が奪われることは別な話です。

どこまではやってよい、どこからはダメ、ということをしっかりとわかっているほうが、思い切って自分の個性を発揮できるものなのです。

✔ 人は制限があるほうが活躍できる

ドイツの哲学者であるイマヌエル・カントは、その著書『純粋理性批判』で、このようなことを言っています。

「鳥が空を飛べるのはなぜか。それは空気という抵抗があるからだ」

もっと早く自由に空を飛ぼうとすると、自分に受ける風が強くなり、このような抵抗がなければ、もっと早くもっと自由に飛べるのにと、思うかもしれません。
　しかし実際には、この抵抗がなければ、自由どころかまったく空を飛ぶことができなくなります。抵抗があるからこそ、自由に飛べることができるのです。
　たとえとして、まったく同じ意味というわけではありませんが、同じようなことが仕事の場面でもいえます。
　たとえば、「なんでもいいから、アイデアを出して」と言われた場合、実際にはなかなかアイデアは出てきません。完全に自由にしているのに、です。
　しかし、「予算は〇〇万円くらいで、対象は女性限定で、期限は〇月〇日までに、アイデアを出して」と、いくつかの制限をかけて言われると、不思議とユニークなアイデアが出てくるものです。
　このように、人は制限があり、それがどこまでかが見えるほうが、相対的な位置をつかむことができ、それに適した行動ができるようになります。
　ルールという制限があるから、自由がなくなるというのは間違いです。イチロー選手や野茂投手のように、みんな共通のルールのなかで、どこまでならルールの範囲内なのかをわかったうえで、思う存分、個性を自由に発揮すればよいのです。
　短絡的に「ルールは自由を縛る」という考え方には陥らないでほしいと思います。
　印象による考え方の是非をいっているわけではなく、何が一番その組織をよくするのか、どうすればその組織にいる人が安心して活躍できるのか――それを追いかけてほしいというのが私の願いなのです。

2章

「働き方改革」とはいったいどういうことか

2-1 「働き方改革」とは何か

「働き方改革」の内容をご存じですか？

最近、「働き方改革」がとても注目されています。私への講演依頼に関しても、「働き方改革をテーマにお願いできませんか？」というものが増えています。

では、この「働き方改革」とは、どのようなものなのでしょうか。また、会社は具体的に何に取り組んでいけばいいのでしょうか。

この章では、「働き方改革」に焦点を当てて解説します。もし、「会社ルールブック」をつくることだけを目的に、この本を手にされた方は、この2章は飛ばして、次の3章「会社ルールブックのつくり方」に進んでいただいても大丈夫です。

働き方改革の本当のところを知りたいという方は、ぜひじっくりと読んでいただきたいと思います。

労働力人口は激減する

「働き方改革」とは、大きくまとめていうと「**政府が打ち出している日本の労働環境の改変への取組み**」のことです。

日本では、少子高齢化が止まらず、2065年には人口が8,800万人程度になるといわれています。

労働力人口はさらに減少が激しく、2065年には4,500万人程度になるといわれており、2015年からの50年間で、労働力人口は4割も減少する見込みです。

このような人口の推移が確実視されているなか、現在の日本の労働環境では、いずれ立ちいかなくなってしまうだろうということから「働き方改革」が叫ばれ出したのです。

いままでの日本の労働はというと、成年男性が主な働き手で、多

くの企業が同じような雇用のしかたをしてきました。

　朝の始業時間から夕方の終業時間までしっかりと働き、そして日本の生産性が低い要因ともいわれている「残業」が当たり前の働き方――この"長時間労働ありき"を前提とした企業の収益モデルは、たしかに事実だったのではないでしょうか。

成年男子主体の労働力を変えていく

　このままでは、先細りになってしまうのは目に見えています。労働力が減少することで、当然、国の経済力も落ちていきます。まだ労働力が豊かである他の国が、経済的に成長していくなか、日本は相対的に取り残されていってしまうという危機感があるのです。

　このような背景から、少ない労働力でもできる限り効率的に、日本の経済を成長させていこうという目的のために、「働き方改革」が必要になってきました。

　そこで政府では、これまでの成年男性が労働力の主体となっているような状況から、女性や高齢者が働けるようなしくみ、子育てや介護などのために仕事から離れていた人たちも働けるような労働環境にしていこう、という取組みを行なおうとしているのです。

◎いままでの「働き方」では、経済力の維持が厳しくなる◎

- 成年男子が主な働き手
- 残業前提、長時間労働による生産性の低下
- 製造業中心

- 女性、高齢者、外国人労働者の雇用
- 労働時間短縮による生産性の向上
- 多様な業態

2-2 「生産性」の向上をめざす

日本の生産性は本当に低いのか

労働力減少の他にもう一つ、日本の大きな課題として、「生産性」の低下があげられます。日本の「生産性」の低さ、特にホワイトカラーにおいては、先進国のなかでも極端に低いということは、聞いたことがあるのではないでしょうか。

下図は、2015年にOECD（経済協力開発機構）で行なわれた調査を、厚生労働省職業安定局が公表したものです。

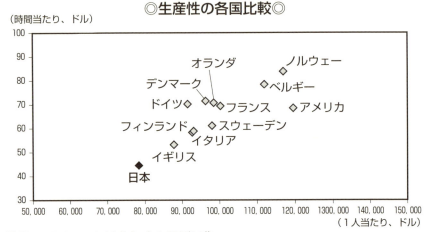

◎生産性の各国比較◎

（備考）1. OECD.statにより作成。すべて2015年の値。
2. 生産性は、
・1人当たり労働生産性：各国付加価値／就業者数を、購買力平価（ppp）でドル換算
・時間当たり労働生産性：1人当たり労働生産性／1人当たり年間労働時間を、購買力平価（ppp）でドル換算して算出。なお、1人当たり年間労働時間は、就業者平均が各国比較の観点から十分に取得できないため、雇用者平均を用いている。

「日本は生産性が低い」とよくいわれていていますが、実際にこの調査結果を見ると、実感が出てくるのではないでしょうか。

「世界に誇る日本の製造業はどうなのか？ 製造業の生産性は高

いのではないか？」と思われる方もいるかもしれません。

実は、日本の製造業の生産性は、まだ「まし」なほうではあります。しかし残念ながら、決して高いほうではなく、労働時間に関してはいまだに多いままです。つまり日本の製造業は、長時間労働による生産量は多くても、生産性は決して高くはないのです。

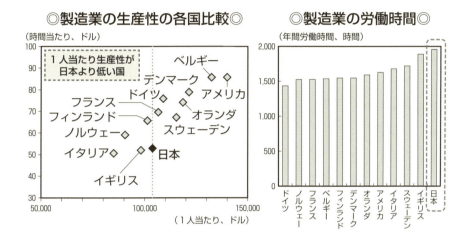

そして、非製造業にいたっては、目をおおいたくなるような生産性の低さです。

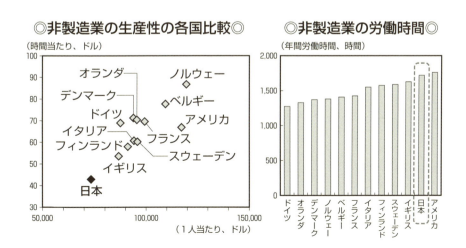

日本の生産性は、諸外国からかなり離されての最下位でありながら、労働時間の長さはアメリカに次ぐトップレベルです。実際にこうしてデータをみると、ショックですらありますね。

　追い打ちをかけるように、最後にもう一つ、現状がよくわかるデータを。「**サービス物価**」という指数です。
　これは、日本銀行が発表しているデータで、「物価」の動向を示した指標の一つですが、これまでよく使われていた「物の売買」ではなく、「サービスの提供の売買」の価格の動きを反映させた指標です。
　残念ながら、やはりこのサービス物価指数も目をおおいたくなる結果となっています。
　2000年を100としたサービス物価指数は、2016年には、イギリス、アメリカが150を超え、イタリア、フランス、ドイツも120を超えています。それに携わる時間当たりの賃金は、2000年を100として、2016年には上記の先進5か国はおよそ130〜160と、右肩上がりに増えています。
　一方、日本のサービス物価指数は、2016年もほぼ100と、低水準のままですし、2016年の賃金指数は100を下回っています。
　このように、国際的に日本が地位を保持していくためにも、「生産性の向上」と「労働時間の減少」は、もう待ったなしの課題なのです。
　「働き方改革」は、働く人の生活を向上させると同時に、さまざまな立場の人にも活躍の場を与えていくために行なうといわれていますが、それは表向きの目的です。
　その背景には、ここで紹介したようなもっと切実な理由があり、これを何とかしないといけない、という事情からも働き方改革が必要になっている、ということも知っておきましょう。

2-3 「働き方改革関連法」とは何か

2019年4月から順次、施行される

　労働力の減少見込みと生産性の低さは、もちろん前々からわかっていたことであり、いままでも政府は何らかの施策を講じて取り組んできました。

　そしてそれがはっきりとした形となり、大きく具体的に動き始めたのが、2018年6月に成立した**「働き方改革関連法」**（働き方改革を推進するための関係法律の整備に関する法律）です。改正事項の多くが、2019年4月から施行されます。

　働き方改革が法律として整備されることで、世の中が大きく変わっていくという状況になったのです。

　こうなると、どんな会社であっても、「わが社は関係ないから」では、すまなくなってきます。法律に規定されたことなので、守らなくてはなりませんし、それ以上に働く側の人たちの、この法律に関する知識も増え、関心が高まっていくところなのです。

　実際、「働き方改革」に取り組むことは、各会社の喫緊の課題となっており、これに対応しない会社は、国からも働く人からも、そっぽを向かれてしまう状況なのです。

　なんだか危機感をあおるような説明になってしまいましたが、これからしっかり取り組めば大丈夫です。本書では、「働き方改革」に対応するため、そして実際にそれが実現できる「魅力ある職場」にするための取組み方を、具体的に解説していきます。

働き方改革関連法で何がどうなるのか

　「働き方改革関連法」は、具体的にはどのような法律で、その内容はどうなっているのか──まずは、このことを知識として理解し

ておくことが大事です。

　中身を知らないまま慌てても、何もいいことはありません。しっかりと、何をどうするのか把握し、自社でできることをやっていけばいいのです。

　また、働き方改革関連法のすべての改正等に取り組まなければけないわけでもありません。自社は適用になるのか、努力義務でいいのか、罰則はあるのか、そして、会社にとってメリットになるのか、デメリットになるのか…。これらとあわせて、現実的な対応についてこの章で解説していきます。

 働き方改革関連法には大きく3つの柱がある

　働き方改革関連法では、大きな柱として、次の3つのものが示されています。

第一の柱
働き方改革の総合的かつ継続的な推進（雇用対策法の改正等）

第二の柱
労働時間法制の見直し（労働基準法等の改正等）

第三の柱
雇用形態に関わらない公正な待遇の確保（労働契約法の改正等）

　「第一の柱」に関しては、国の施策の方向性を表わすものであり、直接、会社に大きく関わるものではない、と考えて大丈夫です。

　労働法全般でみると、「**雇用対策法**」をもとにして、他の法律で具体化できるようなしくみになっています。つまり雇用対策法は、さまざまな雇用に対する政策などを実施するためのバックボーンとなる法律で、まずはこれが「働き方改革」の政策を実施していくた

めに改正されるということです。

内容的には、「第二の柱」の「**労働時間法制の見直し**」が、改正事項も多く、早急に整備をしていかなければならない、最重要なものです。そこで、詳しく見ていくことにしましょう（「第三の柱」については、2-13項で詳述します）。

労働時間法制の見直しのあらまし

　これが、会社にとって一番影響のある改正です。会社にとって、大きく関わってくるものなので、必ず対応していく必要があります。
　具体的には、「労働時間に関する制限が発生すること」「年次有給休暇を必ず与えなければならないこと」「退社から翌日の出社までに一定の時間をとるように努めなければならないこと」など、まさに社員一人ひとりの「働き方」が、法律で決められています。
　本来、会社とそこで働く人は、契約にもとづいて雇用関係が発生します。
　したがって、どんな仕事をするのか、どのくらいの時間で働くのか、それに対していくらの給料を払うのか、など、双方が契約で合意していれば、それでよいはずです。自由競争のなかで、金額や時間などの適正化が図れるはずなのです。
　しかし、どうしても弱い立場にある労働者は、自由競争に任せてしまうと、相当不利な条件でも働かざるを得ない、ということが実態として起きてきます。そこで、労働者を保護していくために、労働関連の法律でさまざまな規制が行なわれているわけです。
　たとえば、「働き方改革」が実施される前から、「1日の労働時間は8時間」「週に1日は休日が必要」「最低賃金を上回る必要がある」「健康診断は年1回必ず実施すること」など、さまざまな規制がありました。とてもここに書ききれないくらいの規制があります。会社と労働者はそれに応じて、「働き方」を実行してきたわけです。

◎労働時間法制の見直し◎

① 残業時間の上限の抑制
② 勤務間インターバル制度の導入
③ ５日間の年次有給休暇の取得義務
④ 月60時間を超える残業の割増賃金を25％から50％へ
⑤ 労働時間の状況の客観的把握の義務化
⑥ フレックスタイム制度の拡充
⑦ 高度プロフェッショナル制度の新設
⑧ 産業医・産業保健機能の強化

　これらの従前の規制に加えて、2019年４月からは、上図のような新たな制度の「見直し」が図られ、それに合わせた「働き方」を行なっていかなければならなくなったのです。この８つの見直しは、いずれも生産性を上げていくことを目的としています。
　厚生労働省では、「働き過ぎ」を防ぎながら、「ワーク・ライフ・バランス」と「多様で柔軟な働き方」を実現するために労働時間法制の見直しを実施する、としています。

　大事なのは、この８つのうちのどれが影響が大きく、本当に重要度を上げて取り組むべきなのか、あるいは、まずはそこまでしなくてもいいのか、を判断していくことでしょう。
　ただ単に、法律が変わったからそれに合わせる、というだけの対応では、「魅力ある職場」には近づいていきません。
　自分の会社では何が最重要で、影響が大きいものは何か、あと回しにしてもいいのは何か、といった内容を知るところから、その判断が始まります。上図の一つひとつの詳しい内容については、２-４項から順次見ていきます。

◎大企業と中小企業の区分◎

業　種	中小企業（下記のどちらかに当てはまる）		小規模企業
	資本金の額または出資の総額	常時使用する労働者数	常時使用する労働者数
小売業	5,000万円以下	50人以下	5人以下
サービス業	5,000万円以下	100人以下	5人以下
卸売業	1億円以下	100人以下	5人以下
その他	3億円以下	300人以下	20人以下

（※）上記に当てはまらないのが「大企業」。

 大企業とは？　中小企業とは？

　労働時間法制の見直しを詳しく見ていくにあたって、「大企業」なのか「中小企業」なのかによって、適用される時期が違ったりしています。そこで、大企業と中小企業の区分を確認しておきましょう。上表のとおりになります。業種によって要件も変わります。この表に当てはまらない会社は、いわゆる「大企業」です。これを機会に覚えておきましょう。

　なお、「資本金の額または出資の総額」と「常時使用する労働者数」は、両方を満たす必要はなく、いずれかに該当すれば中小企業となります。

　ちなみに、この区分は「中小企業基本法」という法律で定められています。また、働き方改革関連法では、「小規模事業者」は中小企業と同じ扱いになりますが、せっかくの機会ですので別に示しておきました。

2-4
残業時間の上限の抑制

 70年ぶりの大改正！

　この項より、「働き方改革」の一番の柱である「労働時間法制の見直し」について一つずつ詳しく見ていくこととします。
　大事なことは、内容をしっかりと理解すること。あやふやな理解のままだと、不安ばかりが先行して、あたふたしてしまうことになります。まずは理解したうえで、それから対応策を考えていけばよいのです。

> 残業できる時間に上限ができ、
> １か月45時間、１年は360時間までとなる。

　これが、労働基準法の改正により、残業時間の上限となるルールです。なんとこの改正は、70年ぶりとのことです。
　つまり、これまでは1947年に制定された労働基準法の規定のままだったということで、それもすごいことですが、厚生労働省も「大改革」とはっきり謳って、周知を図っています。
　残業時間の上限については、改正前には強制力がなく、目安という形で、上記の１か月45時間、１年360時間となっていました。これが目安ではなく、労働基準法のなかに明文化され、規制が強化されました。
　いわゆる「３６協定（時間外・休日労働に関する協定届）」に記載して、労働基準監督署に届け出る際の上限がこの労働時間になったわけです。月45時間というと、だいたい１日２時間ぐらいの残業でしょうか。
　ちなみに、この１か月45時間、１年360時間には、休日労働時間

◎残業時間の上限規制とは◎

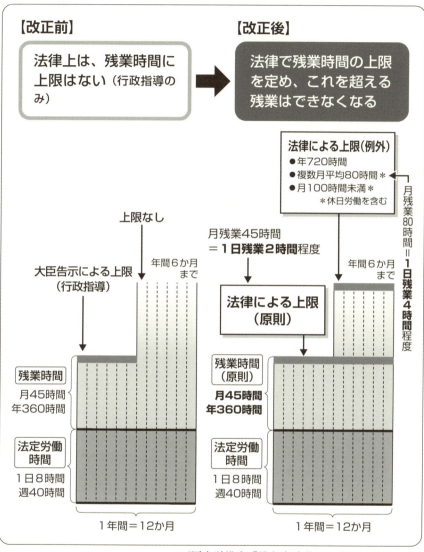

（厚生労働省「働き方改革パンフレット」より）

は含まれません。あくまでも、1日の労働時間や1週での労働時間を超えて時間外労働をした場合の上限となります。したがって、これとは別に休日労働をすることは可能です。

上限時間を超えて働く場合はどうするか

では、この上限規制の時間を超えて働かなくてはいけない場合は、どうしたらいいのでしょうか。

法律の規定は絶対なので、それに合わせなければなりませんが、そのような場合はこの上限を超えてもいいですよ、というやり方があります。

それが「**特別条項**」というものです。

具体的には、「３６協定（時間外・休日労働に関する協定届）」に、「特別条項」という欄をつくり、そこに上限時間を超える時間を記載することで、１か月45時間、１年360時間を上回ることができるのです。

しかし今回の改正で、そこにも上限ができました。

いままでは、かなり長い時間を記載しても労基署に受け取ってもらえた「３６協定（時間外・休日労働に関する協定届）」ですが、改正後は、たとえ特別条項をつけても、以下の時間内ではなくてはダメですよ、と明確に決められたのです。

- 年720時間以内（休日労働を含まない）
- 複数月を平均して80時間以内（休日労働を含む）
- 単月で100時間未満（休日労働を含む）
- 45時間を超えるのは年間６か月まで（休日労働を含まない）

「以内」となっていたり「未満」となっていたり、また休日労働を含むか・含まないかなど、表現が微妙に異なるので、注意してください。

なお、上記改正の施行は、大企業は2019年４月１日から、中小企業は2020年４月１日からとなっています。中小企業には１年間だけ猶予が与えられているわけです。

また、この改正がもっと長く猶予される業種があります。たとえば、もともと長時間労働が必要な業種や、現在の日本の経済事情から上限を引き下げないほうが望ましいと思われる業種などです（下表参照）。

自動車運転の業務	改正法施行5年後より 適用後の上限は年間960時間まで
建設事業	改正法施行5年後より 災害時における復旧・復興の事業は適用せず
医師	改正法施行5年後より
鹿児島県および沖縄県における砂糖製造業	改正法施行5年後より
新技術・新商品等の研究開発業務	適用除外（医師の面接指導や休暇の付与等の健康確保措置を設けたうえで）

 ## 違反した場合には罰則がある

　この労働時間の上限（「1か月の時間外労働は100時間未満」および「複数月の平均時間は80時間以内」）に違反した場合には、次のような罰則が適用されます。

> 6か月以下の懲役または30万円以下の罰金

　罰則の有無も大事なことですが、それ以上に、いま現在、長時間労働となっている会社や職場にとっては、上限規制が法定化されたということ自体で、働く人の関心が高まり、大きな影響を及ぼします。中小企業であれば、施行まで猶予のある間に、確実に対応できるような「働き方改革」を行なっていく必要があります。

2-5 勤務間インターバル制度の導入

「勤務間インターバル」とは何か

これも影響の大きい法改正です。

「勤務間インターバル」とは、「仕事が終わった勤務終了時間から、次の始業時間までの間をあける」というものです。

日本では、あまりなじみがありませんが、欧米ではかなり前から定着している制度です。これを日本にも導入しようという形で法改正されました。

たとえば、8時〜17時（昼休み1時間）が就業時間である場合に、残業して23時（夜の11時）まで会社にいたとします。翌日の始業時間は8時なので、このままだと終業から翌日の始業までの間の時間（インターバル）は、9時間になってしまいます。

これを、たとえば11時間は必ずあけるようにと、会社が決め、制度化することが「勤務間インターバル制度」です。

この場合、終業から始業まで11時間あけるので、始業時間は2時間遅れて10時からとなります。始業時間が遅れると、そのまま勤務時間は後ろにずれるので、その日の終業時間は17時から2時間ずれた19時となります。これが原則です。

ただし、その日もまた終業時間が遅くなるのでは、働く側のメリットが薄れてしまうということもあり、終業時間は定時の17時のままとし、最初に2時間遅れた部分は「働いたものとみなす」こともできる、と法律ではなっています。

このあたりのルールを決めたうえで、終業が遅くなる場合の申請のしかたなど、実際に導入するにあたっては、決めておかなければいけないことが、けっこうあります。

◎勤務間インターバル制度のしくみ◎

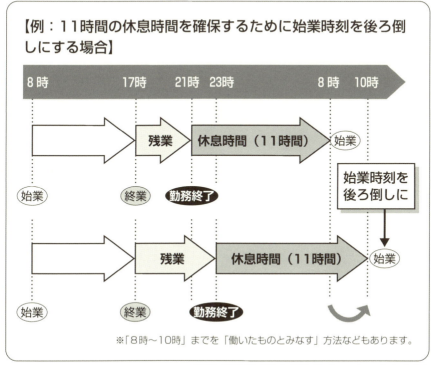

（厚生労働省「働き方改革パンフレット」より）

　ちなみに、この「勤務間インターバル制度」は、2019年4月からの「**努力義務**」です。努力義務なので、実施しなくても違反にはならず、罰則もありません。

　ただし、「魅力的な会社」にするためには、制度を設けて、職場のルールにするほうがよいでしょう。社員の家族に安心感を与えるためにも、非常に有効な制度です。

　厚生労働省から助成金なども用意されているので（2019年1月時点）、積極的に取り組んでもよいのではないでしょうか。

2-6 ５日間の年次有給休暇の取得義務

 日本の有休取得率は世界で最下位!?

　これはおそらく、ほとんどの会社が大きな影響を受ける改正です。社員に必ず年次有給休暇（有休）を年に５日間、取得させることが義務となるからです。

　社員が有休を取得しないのは、職場の空気を読んだりして休みが取りづらく、自分から言い出せないケースが多くあります。

　しかし、この５日間の強制的な有休取得義務は、話題にもなって、労働者の関心も大きく高まるでしょうから、正社員、アルバイト・パートに関わらず、有休を申請してくることが多くなるかもしれません。「うちの会社では、有休はないと思ってほしい」などという感覚の経営者がいまだに見受けられますが、これからはそんな考え方は通用しません。

　逆に、有休制度をしっかりと整備して、取得のしかたなどを十分に周知させて、「**魅力ある職場**」にしていくほうが得策です。

　旅行サイトである「エクスペディア」による2018年の調査によると、世界の主な12か国のなかで日本の有給休暇の取得率は最下位で、これは３年連続です。

　また、社員自身が取得することに罪悪感を感じている人の割合は、12か国中トップ、さらには上司が有休の取得に対して協力的と回答した割合は12か国中、最下位という結果になっています。職場での雰囲気が目に浮かぶようです。

　「５日間の年次有給休暇の取得義務」は、こういった日本の状況を何とかしようという、国の思い切った取組みの表明なのです。

どのように5日間を時季指定するか

　5日間の有休の取得義務については、**できる限り本人の希望を聞いて、会社が5日間の取得日を決める（時季を指定）**ようにすることが原則です。

　また、この制度の対象となる者は、**年に10日以上の有給休暇を取得**できる社員のみです。アルバイト・パート社員などで、週に3～4日勤務で、勤続年数が短い場合だと、この制度の対象にはならない社員も出てきます。

　年次有給休暇について、労働基準法で決まっている付与日数は次のとおりです。

週所定労働日数	年間所定労働日数	6か月	1年6か月	2年6か月	3年6か月	4年6か月	5年6か月	6年6か月
5日以上	217日以上	10日	11日	12日	14日	16日	18日	20日
4日	169～216日	7日	8日	9日	10日	12日	13日	15日
3日	121～168日	5日	6日	6日	8日	9日	10日	11日
2日	73～120日	3日	4日	4日	5日	6日	6日	7日
1日	48～72日	1日	2日	2日	2日	3日	3日	3日

　また、実際にはすでに有休をある程度取得していて残日数があまりないケースや、年末年始休暇や夏季休暇をあらかじめ「時季指定」としてすでに有休申請しているケースもあるでしょう。

　このように、会社指定による取得義務の有休を付与するケースは、いくつか考えられるパターンがありますので、次の表にまとめてみました。

対象者 (年間10日以上の有休付与者)	会社からの指定による 有休取得義務の可否
①自ら5日申請して取得	義務なし
②自ら3日申請して取得	2日分の会社からの取得義務
③計画的付与ですでに5日間付与	義務なし
④計画的付与で2日、労働者が自ら申請で3日	義務なし
⑤計画的付与で2日、労働者が自ら申請で2日	1日分の会社からの取得義務

　上表のように、社員自らの申請であっても、計画的付与であっても、希望を聞いたうえでの時季指定付与であっても、とにかく5日は取得させなさいというのがこの制度の趣旨です。したがって、指定しなくても、毎年最低でも5日を取得させているのであれば、新たに何もしなくてもいいことになります。

取得期限に慌てて付与するリスク

　しかし、気をつけておかなければいけないのは、たまたま有休を申請してこないで1年経ってしまった、というケースです。この場合は、最後の月にまとめて5日間取得させないと法律違反になってしまう可能性があります。

　社員個々人について有休付与日数を管理していればまだいいのですが、たとえば毎年4月から社員全員に一斉付与という形をとっている会社は要注意。3月に多くの社員にまとめて有休を取らせなければいけない、というような事態になってしまうかもしれないからです。

　有休の申請状況を把握したうえで、新たに追加で指定して取得させるのか、本人からの申請の様子を見ながら、残り○か月という一定の時期に指定して5日をクリアするのか、年間の繁忙期なども考慮しながら、義務遂行のためのルールを決めておかなければなりま

せん。

　管理の煩わしさ、社員の満足度などを考えると、1年間のなかで指定時期を決めておくことが、一般的にはお勧めです。

  いつから5日なのか？　罰則は？　時給の人は？

　2019年4月から施行される「5日間の年次有給休暇の取得義務」ですが、個別の社員でみた場合、具体的にいつから適用になるのでしょうか。

　結論からいえば、施行される2019年4月から、個別社員ごとの付与日（一斉付与の場合はその付与日）が来た場合に、そこから1年間で5日間ということになります。

　たとえば、2019年4月1日入社の社員が、最初に有休の付与があるのは、入社6か月後の10月1日です。したがって、この社員の場合は、2019年の10月～2020年9月末までの間に、必ず5日間取得させる、ということになります。

　また、この「5日間の年次有給休暇の取得義務」には罰則があります。年間に5日間の取得をさせることができなかった場合、**30万円以下の罰金**が科せられます。

　実際には、会社できちんとルールをつくって、それを社員に伝え、実施していかなくてはなりません。本書のテーマである「ルールブック」などに有休取得のルールを記載して、浸透させていくことがおすすめです。

　もう一つ、ルールとして決めておいておかないといけないのは、時給制であるアルバイト・パート社員などが有休を取得するケースです。日によって4時間勤務のときもあれば、6時間のときもあり、シフト制によるだけではなく、直前でも勤務時間がけっこう変わる、というケースは業種によってはよくあることだと思います。

　この場合、有給休暇は本来、**労働する予定の日に休む**というものなので、もし、働くとしたら何時間だったか、に合わせて「その時

間分×時給」で有休日の賃金を支払うのが一般的です。これを「**通常の賃金**」で支払うといいます。

　しかし、労働予定日の労働時間数が決まっていればいいのですが、有休の取得義務を遂行するためにあらかじめ５日間を年間のなかで決めておく場合など、有休取得日の勤務時間を何時間にするのか、困ってしまうケースが出てきそうです。働く側にとっては、長い時間分がある日に休みをもらったほうがよい、と考えるのは当然のことでしょう。

　一方、「通常の賃金」とは別の方法として、就業規則で定めた場合は、「**平均賃金**」で支払うこともできます。この場合は、有休付与日の直前の賃金締め日から３か月の平均賃金を計算し、その額を１日分として支払うことになります。

　ちなみに、平均賃金とは、以下の算出方法で計算したAとBのいずれか高いほうの額となります。

　【A】「３か月に支払われた賃金の総額÷３か月の**暦日数**」
　【B】「３か月に支払われた賃金の総額÷３か月の**労働日数**×60％」

　月や週における労働日数が少ないアルバイト・パート社員の場合は、Bで計算した平均賃金のほうが金額は低くなることがほとんどです。

　会社としては、平均賃金は、有休付与日の労働時間が決まっていなくても有休分の金額を出せるのでメリットと考えられますが、働く社員にとっては、有休日の賃金額が少なくなってしまうというデメリットになります。また、有休付与日に合わせてそのつど賃金額を計算しないといけないのは手間もかかります。

　これらいくつかの要素を考えたうえで、自社としてのルールを決めておきましょう。

2-7 月60時間を超える残業の割増賃金を25%から50%へ

 中小企業も2023年4月から適用に

　これは、すでに2010年4月から大企業には義務化されていた改正内容です。中小企業には適用が猶予されていたのですが、ついに猶予措置の期限が決まりました。

◎時間外労働手当の割増率◎

【改正前】
月60時間超の残業割増賃金率
大企業は50%
中小企業は25%

→

【改正後】
月60時間超の残業割増賃金率
大企業、中小企業ともに50%
※中小企業の割増賃金率を引上げ

【改正前】

	1か月の時間外労働 （1日8時間・1週40時間を超える労働時間）	
	60時間以下	60時間超
大企業	25%	50%
中小企業	25%	25%

【改正後】

	1か月の時間外労働 （1日8時間・1週40時間を超える労働時間）	
	60時間以下	60時間超
大企業	25%	50%
中小企業	25%	50%

（厚生労働省「働き方改革パンフレット」より）

どんな会社であっても、1か月に60時間を超える残業をした場合には、60時間を超えたところから、50％の割増率で計算して時間外労働手当を支払うことが義務化されることになりました。ついに中小企業にも適用されるわけです。

　とはいっても、この中小企業に対する猶予措置が終わり、義務化されるのは2023年4月1日からです。ですから、現在60時間超の残業をしている社員がいるという会社は、この適用開始日までに何とか残業を減らしていくように、という"猶予"が与えられたととらえましょう。

　労働時間を短くして、生産性を上げていくことに、どの会社も待ったなしで取り組まなければいけない――その象徴的な法改正でもあります。

　現状、月に60時間を超える残業をしている社員がいる会社は、何とかしてまずはこれを60時間以内にしていくことに取り組んでいきましょう。

　なお、この50％の割増率にもとづく時間外労働手当を支払わない会社には、「6か月以下の懲役または30万円以下の罰金」という罰則があります。

労働時間の状況の客観的把握の義務化

 労働安全衛生法に規定

　何時から何時まで働いたのか、自己申告などではなく、客観的に記録できるようにして、労働時間の状況を把握しないとダメですよ、ということが義務となります。

　実はいままでは、法令としてはこの義務化は規定されていなかったのですが、働き方改革関連法によって、労働安全衛生法に規定されました。

　いままでも、労働基準監督署の調査があった場合などには、重点的に指導される内容のものでしたが、それがより一層、厳格になっていくことになっています。

　この改正により、労働時間の制限のない管理監督者や、裁量労働制などで働く社員なども含め、ほとんどの労働者（後述の高度プロフェショナル制度にあたる労働者は除く）の、労働時間の状況が**客観的な方法その他適切な方法**で把握することが必要となります。

　客観的な記録なので、当然、労基署などの調査がある場合には、すぐに提示できるようになっている必要があります。

　「客観的な方法その他適切な方法で」ということですから、タイムカード、ICカード、勤怠システムなどによる出退勤管理をしていないと、義務違反とされるケースも想定されます。

　この労働時間の把握から、**長時間労働者には医師による面接指導**などを実施する義務も発生してきます。

　なお、いまのところ、この「労働時間の状況の客観的把握の義務」に関して違反した場合の罰則は定められていません。

2-9 フレックスタイム制度の拡充

労働時間の過不足は3か月で清算可能に

　これは、「フレックスタイム制度」を導入している会社のみに、関わりがある改正です。

　改正になる点は、「清算期間」の上限が1か月から3か月に延長されるというものです。

　たとえば、これまで長時間働いた日があれば、その月内で、他の日の労働時間を短くしたり、休みを取るなどして調整していたものが、翌月などにもその調整ができるようになります。

　3か月ごとの労働時間の平均を計算していき、3か月通算で法定労働時間内におさめるような働き方ができるようになるわけです。

　オーバーした労働時間分は他の月で、逆に欠勤などで少なかった場合も他の月で調整できるようになることで、より生活に合わせた柔軟な働き方ができることを目的にしています。

　なお、従来の清算期間1か月のままであれば、労働基準監督署へのフレックスタイムに関する労使協定の届出は必要ありませんが、清算期間を3か月にした場合は、この届出が必要となります。

　また、この届出をしないで清算期間を3か月にした場合などは、「30万円以下の罰金」という罰則があるので注意しましょう。

◎フレックスタイム制度の清算期間のしくみ◎

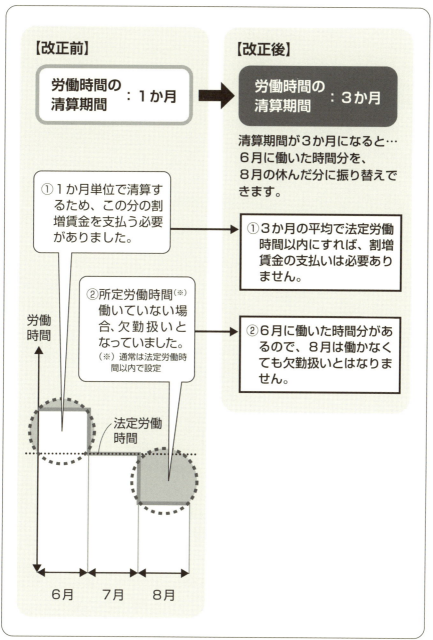

(厚生労働省「働き方改革パンフレット」より)

2-10 高度プロフェッショナル制度の新設

時間ではなく成果に応じて給与を支払う

マスコミなどでよく「残業ゼロ法案」などといわれていたのが、この制度です。「ホワイトカラー・エグゼンプション」という呼び方で、よく議論もされていました。

製造の作業やお店での接客など、決まった時間を労働するような形態の仕事と異なり、「時間」よりも「成果」が求められる仕事が時代とともに増えてきました。

短い時間で求められる成果を上げることができる社員にとっては、労働時間数によって給与が決められることは、逆に意欲を欠く足かせになってしまうこともあり得ます。

どれくらい労働時間が長かろうが、短くなろうが、「時間」ではなく「成果」に応じて給与を払うことを認める、という目的の制度が、この**高度プロフェッショナル制度**です。

この制度の対象となる労働者は、労働時間や休日、休憩などに関して法律の規制の対象外になり、適用除外となります。

一方で、この制度が無制限に使えるようになると、本来は「成果」ではなく「時間」で払われなければいけない労働者の場合や、「成果」を求められる労働者であっても、適正な労働時間に対して無理な成果を設定されるなど、この制度を都合よく「乱用」されることが懸念されます。

そのため、この制度の対象者には厳しい一定の制限を設けて、その対象者のみ制度の適用を認めます、という形で成立しました。

高度プロフェッショナル制度を導入するための要点は、「労働者の健康の確保」と「対象となる労働者の限定」の2つです。

◎高度プロフェッショナル制度の要点◎

健康の確保	対象者の限定
①企業内手続きが必要 ●労使で委員会を設置し、対象業務・対象労働者・健康確保措置などに関して、5分の4以上の多数で決議すること ●書面による本人の同意を得ること	①対象者は高度専門職のみ （高度の専門的知識等を必要とし、従事した時間と成果の関連が高くない業務）
②年104日以上、4週4日以上の休日を確保すること ●以下のいずれかの措置をとること ・インターバル制度＋深夜業の制限 ・在社時間等の上限の設定 ・1年につき、2週間連続の休暇の取得 ・臨時の健康診断	②対象者は希望者のみ ●「職務記述書」等の内容を把握して、同意していること
③在社時間等が一定時間を超えた労働者に、医師による面接指導を実施	③対象者は高所得者のみ ●労働者の平均給与の3倍相当程度を上回る水準の労働者 ●具体的には年収「1,075万円」以上

　上表を見るかぎり、対象者はかなり限定されそうです。しかし、希望してくる労働者も一定数はいると思われるので、その可能性がある会社は、いくつかの要件をクリアするために、この制度を整備しておく必要があります。

　なお、「高度プロフェッショナル制度」は2019年4月1日から施行されます。

2-11 産業医・産業保健機能の強化

健康に対する配慮がより必要に

　労働時間法制の見直しに関する最後の改正は、「**産業医・産業保健機能の強化**」です。これも、働く人の健康に関するものです。

　具体的には、これまでの「産業医」の活動がより強化され、積極的に健康増進に関わるような形になるというものです。より権限に関わることが強化され、2019年4月1日から施行されます。

　強化される内容は、以下の2つです。

【①産業医の活動環境の整備】

改正前	改正後
産業医は、労働者の健康を確保するために必要があると認めるときは、事業者に対して勧告することができる	事業者から産業医への情報提供を充実・強化する （事業者は、長時間労働者の状況や労働者の業務の状況など、産業医が労働者の健康管理等を適切に行なうために必要な情報を提供しなければならない）
事業者は、産業医から勧告を受けた場合は、その勧告を尊重する義務がある	産業医の活動と衛生委員会との関係を強化する （事業者は、産業医から受けた勧告の内容を事業場の労使や産業医で構成する衛生委員会に報告することとしなければならないこととし、衛生委員会での実効性のある健康確保対策の検討に役立てる）

【②労働者に対する健康相談の体制整備、労働者の健康情報の適正な取扱いルールの推進】

改正前	改正後
事業者は、労働者の健康相談等を継続的かつ計画的に行なう必要がある（努力義務）	産業医等による労働者の健康相談を強化する （事業者は、産業医等が労働者からの健康相談に応じるための体制整備に努めなければならないこととする）
	事業者による労働者の健康情報の適正な取扱いを推進する （事業者による労働者の健康情報の収集、保管、使用および適正な管理について、指針を定め、労働者が安心して事業場における健康相談や健康診断を受けられるようにする）

2-12 「労働時間法制の見直し」のまとめ

いつから施行されるのか？　罰則は？

2-4項から2-11項まで、働き方改革関連法の第二の柱である「労働時間法制の見直し」について細かく見てきました。

それぞれ大企業、中小企業によって施行日が異なったり、適用になったりならなかったり、また、罰則があるのかどうかなど、ややこしいところがあるため、次のように一覧表にまとめました。

	施行日（大企業）	施行日（中小企業）	罰則
①残業時間の上限の抑制（※）	2019年4月1日	2020年4月1日	6か月以下の懲役または30万円以下の罰金
②勤務間インターバル制度の導入	2019年4月1日	2019年4月1日	（努力義務）
③5日間の年次有給休暇の取得義務	2019年4月1日	2019年4月1日	30万円以下の罰金
④月60時間を超える残業の割増賃金を25％から50％へ	（2010年より施行済み）	2023年4月1日	6か月以下の懲役または30万円以下の罰金
⑤労働時間の状況の客観的把握の義務化	2019年4月1日	2019年4月1日	──
⑥フレックスタイム制度の拡充	2019年4月1日	2019年4月1日	労使協定の届出義務違反に対し、30万円以下の罰金
⑦高度プロフェッショナル制度の新設	2019年4月1日	2019年4月1日	医師による面接指導義務違反に対し、50万円以下の罰金
⑧産業医・産業保健機能の強化	2019年4月1日	2019年4月1日	──

（※）自動車運転、建設業、医師等については施行から5年間の猶予あり。

会社の規模などによって、どの改正が対象になり、どれを優先的に取り組んでいかなければならないかは、もちろん変わってきます。

　しかし、多くの会社にとって、①「残業時間の上限の抑制」と、③「5日間の年次有給休暇の取得義務」は、関わってくると思われ、影響も大きいでしょう。

　また、中小企業であれば、猶予期間がまだあるとはいえ、④「月60時間を超える残業の割増賃金を25％から50％へ」も、かなり影響が大きくなるかもしれません。

　どの改正も、実際に社員の働き方を変えていかないと成り立たないものであると認識しておきましょう。

　いずれにしても、法律の規定を守るために、自社の制度やしくみを変えることはもちろん必要ですが、制度を変えても、実態として労働時間が減らなければ何にもなりません。さらには、労働時間が減って休暇が増えても、生産性を落とさないように、取り組んでいく必要があります。本当の「働き方改革」が求められているわけです。

（※）　本書に記載の法改正の内容は、2019年1月時点のものです。実際に社内規定を変更する場合は、必ず行政機関に確認してください。

2-13 雇用形態に関わらない公正な待遇の確保

同一労働・同一賃金の実現を

62ページで紹介した、働き方改革関連法の第三の柱である「**雇用形態に関わらない公正な待遇の確保（労働契約法の改正等）**」は、いわゆる「**同一労働・同一賃金**」に関する改正です。

この改正は、「正規労働者」と「非正規労働者」との「不合理な待遇の差をなくす」ことが目的となっており、具体的には大きく次の3つのことが整備されます。

---
①不合理な待遇差をなくすための規定の整備
②労働者に対する待遇に関する説明義務の強化
③行政による事業主への助言・指導等や裁判外紛争解決手続き（行政ADR）の規定の整備

それぞれについては次項以降で詳しく見ていきますが、その前に、「正規労働者」と「非正規労働者」の違いについて確認しておく必要があります。

「正規労働者」は一般的に「正社員」と呼ばれたりしますが、非正規労働者との明確な違いについて、定義は次のようになっています。

正規労働者（正社員）	非正規労働者
期間の定めのない契約をしているフルタイム労働者	左記以外の労働者

非正規労働者には、いわゆるアルバイト、パートタイマー、契約社員、派遣社員などが該当します。

非正規労働者は、なんとなく「時給で働く労働者」というようなイメージがありますが、実は、定義としては「正規労働者は月給」「非正規労働者は時給」というような区分はありません。

　それよりも、本人と会社との労働契約が「無期雇用」なのか「有期雇用」なのかのほうが重要で、この身分の安定の面で正規・非正規の区分がされています。

　働き方改革の第三の柱である「雇用形態に関わらない公正な待遇の確保」は、この労働者としての身分が「正規」か「非正規」かによる不合理な差をなくしなさい、ということが改正の目的になっています。

　それでは、先ほどの3つの整備について、次項以降で詳しくみていきましょう。

2-14 不合理な待遇差をなくすための規定の整備

 正規・非正規による待遇差をなくす

「正規」労働者か「非正規」労働者かによる、特に給与面などの待遇差をなくすために社内制度などを整備しなければなりません。キーワードは「**均衡**」と「**均等**」です。

非正規労働者のうちの直接雇用者である、アルバイト社員、パートタイマー社員、契約社員などを雇用する際には、この「均衡」な待遇の規定と「均等」な待遇の規定を整備していく必要があります。

実は、これまでもこれらの規定はあったのですが、働き方改革関連法の施行により、統一的に整備するようになりました。

ちなみに、この「均衡」と「均等」は、辞書で調べたところ、次のような意味になっています(デジタル大辞泉(小学館)より)。

【均衡】
2つまたはそれ以上の物事の間で、力や重さなどの釣り合いがとれていること。バランス。
「均衡が崩れる」「均衡を保つ」

【均等】
2つ以上の物事の間が互いに平等で差がないこと。また、そのさま。
「均等に配分する」「機会均等」

微妙な違いのような気もしますが、このような意味において、不合理な待遇差をなくす規定の整備が求められているわけです。

さらに、いままでは「配慮義務」程度ではっきりとは求められて

いなかった「**ガイドライン**」というものも、明確に策定することが必要になりました。

「均衡」待遇規定
①職務内容（業務の内容＋責任の程度） ②職務内容・配置の変更範囲 ③その他の事情 上記の相違を考慮して不合理な待遇差を禁止

「均等」待遇規定
①職務内容（業務の内容＋責任の程度） ②職務内容・配置の変更範囲 上記が同じ場合は差別的な取扱い禁止

ガイドライン
給与・賞与・手当・福利厚生などの待遇において違いがある場合に、いかなる待遇差が不合理で、いかなる待遇差が不合理でないかを示したもの

上表にあげた3つについて、「非正規」社員に関して、それぞれ明確に定めることが必要になります。わかりやすく表にまとめてみると下表のとおりです。

【改正前】　→　【改正後】

◎：明確化　○：規定あり　△：配慮規定　×：規定なし			
	アルバイト・パート	契約社員	派遣社員
「均衡」待遇規定	○ → ◎	○ → ◎	△ → ○＋労使協定
「均等」待遇規定	○ → ○	× → ○	× → ○＋労使協定
ガイドライン	× → ○	× → ○	× → ○

派遣社員についての改正

　「派遣社員」は、派遣された会社とは直接、雇用関係にはないため、多少異なる扱いとなっています。しかし、原則としては、派遣先の通常の労働者の場合と同様に、前述の3つの待遇規定、ガイドラインが求められます。

　ただし、派遣先の通常の労働者に合わせて待遇が変わるということは、派遣先が変わるごとに待遇も変わってしまう、ということです。待遇がよくなるのも悪くなるのも派遣先次第ということで、派遣社員の立場から考えると、それは必ずしもよいことではありません。

　そこで、その観点から、派遣元が労使協定を結ぶことにより、派遣労働者の均衡・均等待遇の規定適用を除外することができるようになります。

　つまり、次のように、原則どおりに派遣先の通常の労働者に合わせた待遇と、派遣元での評価や実績によって給与額を決める待遇との2つからいずれかを選択できるということです。

> ①派遣先の労働者との均等・均衡による待遇
> ②労使協定にもとづく一定水準を満たす待遇決定による待遇

　ただし、②を選択する場合は、賃金の決定方法などに不利がないように、一定の要件を満たすことが求められます。
　ちなみに、賃金の決定方法は、次のように規定されています。

> （イ）協定対象の派遣労働者が従事する業務と同種の業務に従事する一般労働者の平均的な賃金額と同等以上の賃金額となるもの
> （ロ）派遣労働者の職務内容、成果、意欲、能力または経験等の向上があった場合に賃金が改善されるもの

- 派遣労働者の職務内容、成果、意欲、能力または経験等を公正に評価して賃金を決定すること
- 派遣元事業主の通常の労働者（派遣労働者を除く）との間に不合理な相違がない待遇（賃金を除く）の決定方法
- 派遣労働者に対して段階的・体系的な教育訓練を実施すること

　派遣労働者を活用している会社は、これらのことについて検討していく必要があります。

　なお、派遣労働者の待遇をどちらにするかによって、派遣元管理台帳、派遣先管理台帳ともに、派遣社員が「協定対象派遣労働者」かそうでないかを記載する必要も出てきます。

2-15 労働者に対する待遇に関する説明義務の強化

 明確な根拠とその説明が義務化

前項で説明したような待遇差について、会社はしっかりと労働者に説明ができるようにならないといけなくなります（いままでもそうでしたが、より明確化されるということです）。「パート社員だからだよ」といった説明のしかたは、一切通用しなくなります。明確な根拠が必要になり、その説明が義務化されることになるわけです。

また、この改正により、非正規労働者はいつでも、正規社員との待遇差の内容やその理由についての説明を受けることができるようになりました。そして、新たに「説明を求めた場合の不利益取扱いの禁止」が創設されています。

以上について一覧にまとめてみると下表のとおりです。

【改正前】 → 【改正後】

○：説明義務あり　×：説明義務なし	アルバイト・パート	契約社員	派遣社員
待遇内容	○ → ○	× → ○	○ → ○
待遇決定に関しての考慮事項	○ → ○	× → ○	○ → ○
待遇差の内容・理由	× → ○	× → ○	× → ○
新設：説明を求めた場合の不利益取扱いの禁止			

2-16 行政による事業主への助言・指導等の規定の整備

 行政ADRの対象になる

　働き方改革関連法の第三の柱である「雇用形態に関わらない公正な待遇の確保（労働契約法の改正等）」で必要となる整備の3つ目は、「行政による事業主への助言・指導等や裁判外紛争解決手続き（行政ADR）の規定の整備」です。

　少し専門的な用語が入っていますが、会社と非正規社員との間で労使トラブルがあったときなどに、行政からの助言や指導があること、行政による裁判外紛争解決手続き（「行政ADR」といいます）の対象になるということです。これらは、これまでバラバラに対応されていましたが、統一的に整備されることになります。

【改正前】　→　【改正後】

○：規定あり　△：部分的に規定あり　×：規定なし

	アルバイト・パート	契約社員	派遣社員
行政による助言・指導等	○ → ○	× → ○	○ → ○
裁判外紛争解決手続き（行政ADR）	△ → ○	× → ○	× → ○

 いつから施行されるのか

　以上、2-14項から本項まで、働き方改革関連法の第三の柱である「雇用形態に関わらない公正な待遇の確保」で必要となる整備事項を3つ見てきました。

これらは、第二の柱である「労働時間法制の見直し」から１年遅れで、大企業は2020年４月１日から、中小企業は2021年４月１日からの施行となっています。
　しかし、施行までにはまだ期間がある、と安心はしていられません。働く人のアンテナはとても敏感になっていて、世の中の話題からそれをキャッチしていきます。
　いま、あなたの会社で働いているいわゆる非正規社員の方が、「うちの会社はどうするのだろうか」「自分の待遇も変わるのだろうか」と言い出せなくとも、とても気になっているはずです。
　安心して働ける職場、魅力ある職場にするためにも、早めに取り組むことを検討してはいかがでしょうか。
　これらの整備の遅れによって、「よい人材」を失ってしまうことが、いま一番、会社が防がなければいけないことなのです。

Break time

よい人材を採用する方法

✔ 求職者の悩みをいかに解消できるか

　私は仕事柄、人事や労務関係の講演の依頼を受けることが多いのですが、最近はこの本のテーマである「働き方改革」のほか、「採用」に関して話してほしい、という依頼がとても増えています。

　空前の「売り手市場」で、いまや完全に会社が「選ばれる側」になっています。採用に関してはどの企業も関心が高いのでしょう。

　もともと、採用は専門ではないのですが、でも、まったく異なるものでもありません。根本にあるのは、「魅力的な会社」をつくっていくということ。そのためには、会社ルールブックや人事制度など、私が専門にしていることも、とても重要な取組みになってきます。したがって、求人媒体は何がいいかとか、合同会社説明会をどう活用するかといった話ではない、アプローチ段階での採用戦略を話させていただいています。

　「どうしたらよい人材が採用できますか」とは、本当によく聞かれることですし、経営者の永遠の悩みなのかもしれません。これに対する私の回答は、いつも次のとおりです。

　「お悩み解決ですよ、社長」

　採用は、求職者の悩みをいかに解消できるか——ここにポイントがあるのですが、多くの会社は間違っています。その間違いとは、下記のように、「どのような人に来てほしいか」ばかりを打ち出してしまっているのです。

- やる気のある人を求む！
- 自分から考え、行動する人、希望！
- 人と接することが好きな人、募集！
- 積極的に仕事を覚える方、望む！
- 経験○○年以上、歓迎！

✔「よい人材」はなぜ転職を考えているのか

　よく、考えてみましょう。これらは、会社の都合で望んでいることです。声高に叫んでも、求職者は何の魅力も感じてはくれません。

　たとえば、転職希望者は、なぜ仕事を探しているのでしょうか。いまの会社では解消できない悩みがあり、それを何とかしたいから、別の会社を探しているのです。その悩みを解消してくれる会社があったら、そこを選ぶのです。

　これは、お客様が会社を選ぶのと同じです。お客様は、なぜうちの会社を選んでくれるのか。

　この会社だったら、このような悩みを解消してくれるから、ということで選んでもらえるのではないでしょうか。一方的にお客様に条件を押しつけても、選んでもらえるわけがありません。

　求職者に話を戻すと、どのような人材がほしいのか、そして、その対象となる人材が、どのような悩みを抱えて、転職を考えているのかを、まずはしっかりと把握しましょう。

　20代は「休日・休暇」、30代は「給与」という傾向が見られます。そしてどの世代にも多いのが「将来性に不安がある」など。大手の求人会社がリサーチして、毎年これらの貴重なデータを発表してくれています。

　ただし短絡的に、20代のために休日・休暇を増やそうとか、30代に合わせて給与を引き上げなくては、と決めつけないように。もう一歩進んで考えるのです。

　会社がほしい人材は、「よい人材」のはずです。「よい人材」が、いま勤めている会社に対してどんな悩みを持っていて、転職を考えるのか。それを自分の会社だったら、どう解消できるとアピールすることができるのか――これが、「よい人材」を採用するポイントなのです。

　具体的な一つのポイントは、会社の「将来性」。そして、この本で紹介している「会社ルールブック」は、その悩みの解消を示すことができるツールにもなるのです。

3章 会社ルールブックの「つくり方」

3-1 会社ルールブックの作成・導入のポイント

 ルールブックを導入しても社員は総スカン状態!?

　この章では、具体的にどのような手順で会社ルールブックを作成していくのかを説明します。そして、この**作成手順は非常に重要**です。必ず押さえておいてほしいポイントや、やってはいけないポイントなどに気をつけて、作成に取りかかってください。

　組織に新しいものを導入することは、内容のよし悪しにかかわらず、抵抗を受けます。みな、いまのやり方や状況を変えたくないからです。そんななか、新しいツールを導入することは、その手順を適当に行なったら、なかなか受け入れられないものなのです。

　会社ルールブックはツールなので、社員が使ってくれないと意味がありません。よいものをつくることが最終目的ではなく、**使ってもらって組織風土をよくすることが目的**です。

　そのためには、ちゃんと使ってもらうための工夫を加えて、完成後は、いかに積極的に使ってもらうかということを想定して、作成していかないといけないのです。

　実は、私もこれで痛いしっぺ返しを何度も体験しています。

　会社側で期待していることや、社員にやってほしいというメッセージをしっかり作成して、完成したら、全社員に発表しよう、というやり方で進めていた企業があります。

　1年ぐらいかけて、内容も人事の専門知識や、経営サイドの事業計画もしっかり盛り込んで、非常によいものができました。

　そして、満を持していざ発表！　社員総会の機会があったので、全員に1冊ずつ配布し、内容を社長から説明しました。

　「みんなでこの『○○会社ハンドブック』（このような名称でした）を使って、よい会社にしていきましょう！」と、伝えたのですが、

社員の反応はいま一つどころか、「総スカン」状態です。

内容は、決して悪いものではありませんでした。理念もしっかりと明文化し、働く人にとっても悪い内容ではありません。

それこそ、「働き方改革」が実現できるように、ユニークな休暇制度も導入し、会議時間を短くするルールもつくり、できるだけ居心地のよい職場になるように、メリハリをつけて働き、頑張った人が報われるような会社にする、ということをメッセージにしてつくったよいものでした。しかし、ダメだったのです。

これは、内容の問題ではなく、作成段階と導入のしかたで、大きな間違いをしてしまっていたのですね。「今日から、このルールブックをみんなで使っていきましょう」——これをいきなりやってしまうと、中身がどんなによいものでも、うまくいかないのです。

ルールブックの作成・導入時の5つのポイント

ダメな例から先にあげましたが、逆に考えると中身よりも、使うことのほうが大事ということ。社員が使うことが定着化してから、中身をもっとよいものにしていくほうがうまくいくのですね。

そして、使ってもらうようにするためにはポイントがあります。私は、過去の失敗を活かして、いまはほぼ必ず、次のような5つのポイントを押さえて作成・導入するようにしています。

①「目的」を明文化する
②メリットを明確化する
③早めに予告する
④参加型にする
⑤進捗状況を報告する

この5つのポイントを守ることによって、会社ルールブックの作成後に使い始めてからの浸透度合いに大きな差が出ます。そこで、この5つのポイントについて次項以降で詳しく説明しましょう。

3-2 「目的」を明文化する

会社ルールブックを導入する目的は何か

これは、一番最初に決めることであり、また最も大事なことです。
「なんのために会社ルールブックを導入するのか」——これをしっかりと、明文化しましょう。

経営者や人事・総務部門の管理職の頭のなかにある「こうしたい」というものを、しっかりと社員に伝わる言葉で明文化するのです。

経営サイドが思っているほど、社員には「なんのために」が伝わっていないことが多いのです。そして、「なんのために」がわかっていない状態では、人はなかなか行動に移せません。

たとえば、いま、あなたの目の前に四角い箱を持った人がいたとします。箱の上のほうには穴が開いています。そして、その人はこう言っています。

「この箱にお金を入れてもらえませんか」

さて、この場面にいるあなたは、「お金を入れる」という行動を起こすでしょうか。

ちょっと怪しい感じですね。なかなかお金を入れるという行動には移せないのではないでしょうか。

しかし、ここに「なんのために」が加わったらどうでしょうか。たとえば、「寄付のために、お金を入れてもらえませんか」と言われた場合です。

お金を入れてほしい「目的」が加わりました。寄付なら…と思うかもしれませんが、まだ、なかなか怪しいですね。**目的は明確であればあるほどよいのです。**

「先日の震災で被災にあった人々の義援金の寄付のために、この

箱にお金を入れてもらえませんか」

これなら、お金を入れるという行動が、かなり起きそうになってくるのではないでしょうか。

上記の各段階で、「箱のなかにお金を入れる」という行動は、まったく同じ行動レベルです。難易度が変わるわけでも、技術的に難しいわけでもありません。違うのは目的が明確かどうかだけです。

「目的」が伝わると、自主的に行動が変わる

人の行動は、このように「なんのために」という目的が明確かどうかということで、大きく自主的に行動が起きるかどうかが変わるのです。

ちなみに、このことを行動科学の専門用語では「**確立操作**」（Establishing Operation）といいます。行動がしやすくなり、自主的に繰り返される要因の一つとして、実際に検証もされているものです。

目的が明確だと、行動につながるというのは、ビジネスの場での通常の仕事においても同じではないでしょうか。

たとえば、次の2つのケースで考えてみましょう。

【A】
目的を知らされずに、「提案書を明日までにまとめておいて」と言われた場合

【B】
大型案件の新規顧客に対して、わが社ならではの秀でている部分を伝えたいという目的で、「提案書を明日までにまとめておいて」と言われた場合

目的がわかっていないAの場合と、目的が明確なBの場合とでは、提案書の内容も質も工夫のしかたも大きく変わることでしょう。そ

して何より、取り組む人の「やりがい」なども大きく異なりそうです。
　やらされ感が強く、とりあえず渋々取り組むのか、よいものをつくって成果を出そうと前向きに取り組むのか——この違いが、とても大きいのです。

　このように、「会社ルールブック」というものを会社に導入し、これを使っていくことは「なんのため」なのか、を明確にして社員に伝わるようにすることが、とても重要なのです。
　この「なんのために」を、明確にしないまま、会社ルールブックに書いてあることを守っていこう、取り組んでいこう、といっても、社員にとっては「やらされ感」ばかりがつのり、渋々取り組むことになってしまいます。負担や面倒くささを感じることが強くなり、不満要素を大きくするだけになってしまうのです。
　ちなみに、この目的は当然、経営側にはあるはずですが、社長に聞いても明確な答えは返ってこないのが実態だったりします。
　「なんのために会社ルールブックをつくるのですか？」と聞いても、ちょっと戸惑って回答が出なかったり、その場でよくあるような目的を考えて何となく答えたり…。これでは、全社員には浸透していきません。社員の行動を変えることもできません。
　とはいえ、実際には、まったく目的がないということではなく、なんとなくはあるのだけれど、人に伝えるレベルまで明確化できていない、というケースがほとんどだと思われます。
　そこで、目的がぼんやりとしてあやふやなものであれば、まずは最初に明確にしていきましょう。
　社員に伝えられるレベルまでの文章とすることで、経営側自身も、なんとなくぼんやりしている目的を整理していくことができます。こうすることで、一般的でありがちだったものが、本当にやりたい会社オリジナルの目的になることも、非常に多いのです。会社ルールブックは、まずはこの「目的」の明確化から始めましょう。

◎「目的」を明確化するための作成ワークシート◎

| MillReef inc. | ［会社ルールブック作成ワークシート］ |

【001】 目的作成シート

「なんのためにつくるのか」、目的を明文化しましょう。

明文化して、示さないと正確には伝わりません。
また、目的が明確にわかっているかどうかで、取組み度に大きく違いがでてきます。
社員に向けて、「○○のためにつくる」というメッセージが打ち出せるように、目的を明文化してください。

「会社ルールブックをなんのために導入するのですか？」

（※）213ページに会社ルールブックに明文化するためのシートのダウンロードアドレスがありますので、ご活用ください。

3-3 メリットを明確化する

社員の目線に立って考えよう

　次に押さえておくことは、**会社ルールブックの「メリット」をしっかりと打ち出す**、ということです。

　ここでいうメリットとは、会社ルールブックを導入して使っていくと、どのような「よいこと」があるのか、ということです。その「よいこと」をイメージしてもらって、ルールブックを使っていくことにメリットを感じてもらうようにするのです。

　ただし、必ず「社員の目線」に立って、その立場から「よいこと」と思えるものを打ち出すようにしてください。というのも、実はこれが経営側にはなかなか難しいことなのか、できていないケースが多いからです。

　経営者に「会社ルールブックを導入したら、社員にはどんなよいことが起きますか？」と聞くと、次のような答えが返ってきます。

　「社員みんなのベクトルが同じになる」
　「お客様に安定したサービスが提供できる」
　「何をしたらいいかが明確になる」
　「業績が上がることにより賞与が増える」

　もちろん、これらの回答は働く側の社員にとって、たしかに何かしらの「メリット」になることなので、経営者の考え方が間違っている、というわけではありません。しかし、「響かない」のです。

　残念ながら、社員には、これらが「メリット」とは感じられず、現実的には「結局は会社のためだろう」と思われてしまうのです。

　本来、会社の成長や利益なくして、社員への還元はできないし、よい職場にしていくこともできません。したがって、上記の回答は正解ではあるのですが、残念ながら社員には響かないのです。

◎「メリット」を打ち出すための作成ワークシート◎

| MillReef inc. | ［会社ルールブック作成ワークシート］ |

【002】 それぞれのメリット作成シート

導入したらどんなよいことが、それぞれの人に出てくるでしょうか。
本当にメリットが感じられることが大事です。

1．お客様にとって

2．働く人にとって

3．関係する立場の人にとって

4．会社にとって

（※）213ページに会社ルールブックに明文化するためのシートのダウンロードアドレスがありますので、ご活用ください。

社員以外の関係者のメリットも考える

　労使ともにwin-winで、という考え方があります。それは理想ですが、経営者が労働を提供する立場とその対価として報酬を支払う立場の違いがある以上、必ずトレードオフ（一方を追求すれば他方を犠牲にせざるを得ないという状態・関係のこと）が存在します。

　その現実を無視して、「労使ともにwin-winで」ばかりを追求するのは無理があります。それよりも、できる限りお互いにとってバランスのいい位置をつかみ、そこで**デメリットよりもメリットを多く**することのほうが現実的であり、継続できるのです。

　その考え方から、経営的目線を期待するよりも、本当に社員にとっての「よいこと」を考えて打ち出し、実現してほしいのです。

　本書でダウンロードできる作成シートでは、社員にとってのメリットだけではなく、以下のように他に関係する立場の人のメリットも考えてもらう構成になっています。

- **会社にとってのよいこと**
- **お客様にとってのよいこと**
- **関係する立場の人にとってのよいこと**

　それぞれを明確に本音で打ち出すことが、現実的に「会社ルールブック」を作成、導入するメリットとなり、その意義を社員にも感じてもらえるようになります。

　あなたの会社の社員にとって、会社ルールブックを導入するメリットはなんでしょうか？　けっこう真剣に、社員の立場に立って考えないと、その答えは出てこないのではないでしょうか。

　給与が増えるのか、休みが増えるのか、労働時間が減るのか、頑張りが認められるのか、お客様から笑顔がもらえるのか、技術が向上するのか、安定が得られるのか、家族が喜ぶのか…。

　それは会社によって異なりますし、会社ルールブックの内容をどうするかで、それぞれ違ったものになるはずです。

　本音で社員のメリットを考え、それを打ち出していきましょう。

3-4
早めに予告する

 内容が未定でもあらかじめ公表しておく

　会社ルールブックを作成・導入する際に、3番目におさえておきたいポイントは、「**早めに予告する**」ことです。

　1年前、半年前、遅くとも作成をスタートさせる前の時点で、社員に対して「会社ルールブックというものをつくり、○月にはみなさんに配布します」と早めに伝えるのです。

　一番やってはいけないのは、**ルールブックができあがってから、初めて発表する**ことです。これは、このルールブックの導入に限らず、会社のすべての取組みにおいてもいえることですが、早め早めに伝えていくことで、抵抗感を和らげることができます。

　会社ルールブックの作成に取り組みはじめても、内容がどうなるかは未定であったり、予定どおり完成するかどうかもわからない、あまり早めに伝えて不安にさせても…と思って、確定するまで発表しないケースもあるのですが、これは得策ではありません。

　早め早めに伝えたほうが、社員も心の準備ができますし、関心も高まっていく時間があります。そしてこのときに、前述の①「目的」を明文化する、②メリットを打ち出す、について発表しましょう。

　「会社ルールブックというものをつくりますが、これを導入する目的は～のためです。そして、これを使っていくことでこんなよいことを実現していきます」と伝えるのです。これは、早ければ早いほど、社員は受け入れてくれます。その後の浸透具合も変わり、会社ルールブックの効果が出てくるのも早くなります。

　実は、早めに発表しないということでの失敗を、私は何度も経験しました。前述のように、経営者や人事のスタッフとは話を進めていきながら、従業員には説明せず、完成後にできあがったものを渡

しても、社員の反応は、いま一つどころか、嫌そうで迷惑そうな感じです。

　会社の決まり事なので、声を上げて反対をする人はいませんが、表情を見ると、命令だからやるけれど、忙しいのに面倒くさいな…といった印象です。

　実は、導入後のサポート段階で、会社ルールブックの浸透状況などをヒアリングしたり、アンケートを取ったりするのですが、そこでは、「急に言われても、仕事の都合もあるし…」「いつも会社に振り回されている」「突然、渡されても何に使ったらいいのか」といった意見が出ることがありました。

　会社ルールブックを社員に渡して使い方の説明や効果をしっかり伝えても、やはり**事前に予告しておく**という**準備期間は必要**です。十分に時間をとることで、疑問点に答える機会なども設定できます。

　自分たちがわからないところで会社が何か進めている、という会社と社員との距離感を出してしまうことは、導入する際の一番のデメリット。それよりも、事前にちゃんと説明している、という姿勢を示すことが重要です。

　不確かな部分はあっても、会社ルールブックを導入すると決めたら、その時点で社員に公表するようにしましょう。

3-5 参加型にする

社員の「やらされ感」を解消しよう

会社ルールブックを作成する際の4番目のポイントは、「**参加型**」**で作成する**（場所を設定する）ということです。これは、作成スタート時ではなく、作成中のポイントです。

ルールブックの内容すべてではなくてもかまいませんが、一部だけでも必ず一般社員にも参加してもらって作成するようにしましょう。参加してもらう目的は「やらされ感」の解消です。

会社で新しい取組みを進めるにあたって、必ず課題となる「やらされ感」の壁をなんとかしないといけません。この「やらされ感」を少しでも取り除くために、社員にもルールブックづくりに参加してもらうのです。

参加方法のおすすめは、次のどちらか、もしくは両方です。

---
①各ページに記載する項目づくりに参加してもらう
②名称を考えてもらう

できる限り、①、②の両方を社員参加でやっていくことをおすすめしますが、これは社員数や作成日程の期限などによって変わってくると思います。特に①については、もし時間的に多少余裕があるようでしたら、これは欠かせない工程と考え、必ず社員にも参加してもらうようにしてください。

たとえば、以下のような項目を記載するページを設けて、それを社員にも参加してもらい、ワーク形式で作成に携わってもらいます。

- 「職場の改善・向上のルール」
- 「理念実現のルール」

◎社員参加型で作成する手順◎

「職場の改善・向上」に関して、自分たちの職場では、具体的にどんな行動をしていったらいいか、付箋に1人10個以上書き出す

ポスターに個人で書いた付箋を貼っていき、同類の内容はまとめたり、ユニークな意見には印を付けたりする（みんなで共有できるように）

まとまった付箋や、残したい付箋などを話し合い、その付箋の内容をコメントとしてまとめる（「ゴミは必ず拾うルール」など）

- 「提案のルール」
- 「チームワークのルール」
- 「アクションのルール」（自ら行動するようにしようというもの）
- 「自己啓発のルール」（知識やスキルを高めるためのルール）

　これらの内容に関して、私の会社で実際にやる場合には、以下のような手順で行なっています（上図参照）。

　まず、社員5〜8名程度で集まってもらい、付箋（フセン）とポスターを使いながら決めていくワーク形式で進めます。

　ワークの時間としては、1ページの内容を決めるのに、だいたい半日ぐらいかかります。やはり人数が多いほど時間はかかるので、参加できる人員と時間を検討して取り組む必要はあるのですが、会社をよくすることを考える機会が生まれ、社員研修としても非常に

有効なものなので、ワーク形式はぜひ取り入れていただきたいと思います。

 実際の進め方

　実際にどのような感じで進めるのか具体的に説明すると、まずはお題を記載し、それに対して付箋を1人に一つ渡して、できるだけたくさんのアイデアを出してもらいます。

　付箋は、強粘着タイプのもので、大きさは75mm×75mm。付箋に記入するための筆記用具は、裏写りしにくいマジックがおすすめです。参加者に書いたものを見てもらうために、大きめに記入してもらいます。

　このときに、単語だけ書くとか、4行、5行にもなるように長く書くということはNGです。

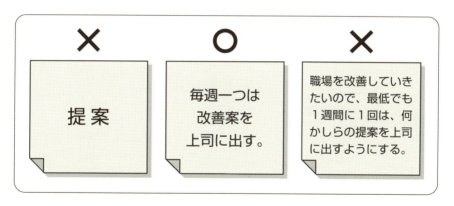

　「清掃」「助ける」「提案」といった単語だけでは、どういうことか伝わりづらいので、「ゴミを見つけたら必ず拾って捨てる」とか、「困っている人がいたら必ず声をかける」、「毎週一つは改善案を上司に出す」というように、2節ぐらいになる文章で、大きく書いてもらうようにします。付箋の向きなども統一しておきましょう。

　ここでは、アイデア出しが目的なので、とにかくたくさん書いてもらいます。「1人10個以上」などと、数優先で出してもらいましょう。話し合ってアイデアを出すよりも、たくさんのアイデアが集

まります。

　また、この付箋ワークを行なうことによって、ふだんは会議のときなどにあまり意見を言わない人からも、意見を引き出すことができます。

　主張することが得意な人や話すのが好きな人と、そうではない人が必ず組織にはいますが、主張が得意な人の意見が必ずしもよいものというわけではありません。できるだけ、みんなから意見を引き出していきましょう。自分自身で意見を出すことによって、傍観者ではなく、参加者になっていく効果も大きいのです。

　次に、10枚以上書いてもらった付箋を、ポスターに貼り付けていきます。同じような内容なものは、話し合いながらまとめます。

　たとえ一つしかない意見であっても、キラリと光る意見、みんながよいと思うような意見は、目立つように貼っておきましょう。

　一つにまとめたものには、その内容を表わすタイトルを付けて、ポスターにマジックで記入します。下図のようなイメージです。

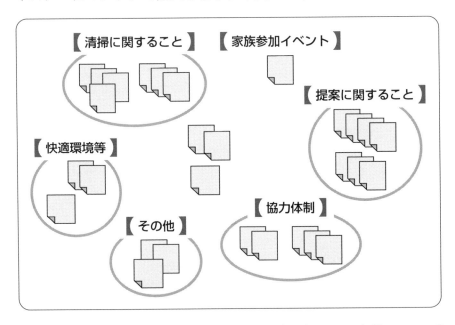

　このようにまとめて、参加メンバーで話し合って、会社ルールブ

◎「職場の改善・向上」のルールの作成例◎

職場の改善・向上

●みんなでよい職場をつくっていきましょう。
職場の改善・向上に取り組んでいきましょう。
みんなが働く場所をよりよくするために、毎年このページの中身もみんなで考えて、変えていきます。

●清掃を徹底しよう
・ゴミが落ちていたら必ず拾ってゴミ箱へ
・玄関はいつもきれいに
・飲み終わった空き缶、ボトルは必ず捨てよう

●自ら改善の提案をしよう
・週に一度、働き方、仕事のしかた、その他、職場に関することで、改善提案を会社に提出しよう
・ちょっとしたことでも、もっとよくできないかを心がけ、意見箱に入れよう

●快適環境を整備しよう
・空調の温度を一定に。寒さ、暑さを感じる人などの意見を聞いて席替えを実施しよう
・設備や備品、そのほか社内の環境など、気づいたことを意見箱に入れよう

ックの、たとえば「職場の改善・向上」のルールに盛り込みたい内容などを決めていきます。

　タイトルが項目名になり、付箋に書かれているなかにあるものが、具体的行動になっていきます。

社員まかせにして大丈夫か

「社員のメリットはもちろん大事だけれど、そればかりが強調されても困る。お客様満足度など、そちらのほうが大事なのでは？」というようなご意見をいただくことがあります。

たしかにそうなのですが、重要なのは社員に関心を持って使ってもらうことです。使わなければ、中身がどんなによいものでも意味がありません。まずはそちらを重要視していただきたいのです。

次の式をご覧ください。

将来的には、自分たちで会社ルールブックをどんどんよいものに改良していくようにして、「もっとこうしたほうがよい」「これは、みんなができるようになってきたから、次はこれをやっていこう」と進化していくことが理想です。

社員全員で守っていくルールを自分たちで考え、築いていくのです。方向性の問題、レベルの問題は、経営側がうまくハンドリングしていきます。推進力（エンジン）は社員で、方向性（ハンドル）は経営側で進めていくイメージです。

ワーク形式が実施できないなどの場合は

　社員にはそこまで参加させられない、というケースも考えられます。たとえば中小企業の場合、複数の社員を半日も拘束できない、社員は研修とかワークに慣れていないのでまずは自分たち（経営陣）でつくりたい、といった場合です。本当は、非常に重要なプロセスなので、なんとか社員にも参加させてください、とは指導しますが、会社の事情によっては無理強いできないのも現実です。

　また、逆に社員数の多い会社で、一部の人は参加できるけれど、その他の人は何も関わらないことになる、というケースもあります。さて、この場合はどうしたらよいでしょうか。

　この場合は、ワーク形式の場には参加できなくても、**アンケートや投票などの形で、何かしらの意見を出せる機会**を設けてください。

　たとえば、会社ルールブックのタイトルについても、「ルールブック」というと、堅いイメージになるので、もっとオリジナリティがあり、愛着が持てるような名前を、社員から募集するのです。さらには、そのなかからいくつか候補を出して、投票を行なったりするのもよいでしょう。

　意見が多かった順でもよいし、会社で選択して候補を絞ったりして、そのなかから全社員に投票してもらって決定します。

　このような形で参加してもらえば、会社ルールブックというものの導入が進んでいることがわかりますし、自分が意見を出したり選んだということから、愛着がわくようにもなるでしょう。

　そのほか、カバーや各ページの色やフォント、「ですます」調か「である」調か、なども意見を募ったり、投票制にしたりします。

　前述のワーク参加者から出てきた意見について、参加者だけで決めずに、投票制で決定してもよいかもしれません。

　完成までの間に、このようにどんどん社員を巻き込んでいくのです。実際に完成形を発表する前までの段階で、会社ルールブックの存在がかなり浸透していくことになるでしょう。

3-6

進捗状況を報告する

「ちょっとを、ちょくちょく」報告する

　会社ルールブックを作成する段階で、おさえておくべき最後のポイントは、「**進捗状況を報告する**」です。

　作成することの「目的」を明文化し、「メリット」を打ち出し、それを早めに予告します。その後、参加者を決めてワーク形式で内容の一部を作成して、さらに参加できない人には、アンケートや投票などで意見をもらうようにします。

　このように取組み内容や進捗状況などを、週に１回ぐらい、社員に報告していきましょう。

　わからないところで進んでいることを受け入れることには、誰でも抵抗があるものです。ちょっとの変化でもいいし、逆にいまつまずいているところ、止まっていることなどでもかまわないので、進捗状況はしっかりと伝えていきましょう。

　部下が仕事の進捗状況を報告しないと、依頼したことがどこまで進んでいるのか、順調なのかトラブルになっているのか、きっと上司は気になるはずです。状況次第で、上司はその後、どう振る舞っていくかも変えたいわけですから、やきもきします。

　社員のほうも思いは同様です。導入することになっている会社ルールブックはいまどんな状況なのか、やきもきしているのです。最初に予告していても、その後ほったらかしにしていたら、やはり抵抗感が強くなります。

　毎週単位で、簡単なメール報告でもかまいませんし、一部確定したページを見てもらう、などでもよいでしょう。間隔を空けずに、こまめに伝えることが効果的です。イメージは「ちょっとを、ちょくちょく」です。この段階から社員に浸透させていきましょう。

3-7 会社ルールブックの作成手順

「5つのポイント」をおさえたうえで作成しよう

　この章は「会社ルールブックのつくり方」なので、早くこの作成手順が知りたかった、と思われる方もいるかもしれません。

　ただし、前述した「作成にあたっての5つのポイント」は、非常に重要です。私が経験した失敗と同じような状況に陥らないように、もし読んでいないでこの作成手順から開いた方は、必ず前項までのポイントについても読むようにしてください。切なる願いです。

　では、作成手順に入っていきましょう。会社ルールブックの作成期間は、会社規模にもよりますが、短くて3か月、長くて6か月ぐらいのプロジェクト形式で進めることが多いです。

　会社ルールブックの作成手順は次ページ図のとおりです。順に一つずつ詳しく見ていくことにしましょう。

①プロジェクト発足

　まず最初に、会社ルールブックを作成するための「プロジェクト」を立ち上げます。プロジェクトといっても、経営者と作成担当者だけのときもあれば、経営幹部や一般社員も参加するなど、いくつかのパターンがあります。

　作成後に導入し、社員への浸透を考えるのであれば、やはり一般社員の参加が望ましいところですが、どうしても完成までには時間がかかります。この場合は、半年ぐらいかけるつもりで、じっくりと作成していきましょう。

　もし、経営者のみや幹部とだけで作成するようでしたら、117ページで紹介したような、アンケートや投票などを実施して、できる限り多くの社員に参加してもらうような手立てを講じてください。

◎会社ルールブックの作成手順◎

1. プロジェクト発足
2. 目的を作成（102ページ）
3. メリットを作成（106ページ）
4. 社員への予告（109ページ）
5. ルールブックの名称を検討
6. 盛り込む項目を検討
7. 項目の中身の作成
8. 印刷、製本
9. 発表、配布
10. 運用スタート

②目的を作成

　なんのために会社ルールブックを作成するのか――それを、頭のなかにとどめておくのではなく、社員に明確に伝えられるように、明文化します。目的がきちんと理解できているかどうかで、行動が起きるかどうかは大きく変わってくるので、必ずやっておかなければならない手順です。

　詳しくは、前述した102ページからのおさえるべき重要ポイントのところで説明しています。105ページの作成シートを活用しましょう。

③メリットを作成

　目的とともに、会社ルールブックを導入したらどんなメリットがあるのか、それを打ち出しましょう。社員にとってのメリット、会社にとってのメリット、お客様にとってのメリット、そして、その他関係する人たちにとってのメリットも打ち出します。

　必ずその人の立場に立って、本当にメリットになることを打ち出していかないと、説得力がなくなり、浸透もしなくなります。

　こちらも詳しくは、106ページで説明しています。また、107ページの作成シートも活用しましょう。

④社員への予告

　「目的」を作成し、「メリット」もまとまったら、できるだけ早く、社員に予告しましょう。早いに越したことはありません。発表できる段階になったら、とか、まだ内容が不確かなので、といって発表が後になればなるほど、社員の「抵抗感」が強くなります。

　多少、まだまだの要素があっても、それも含めて、社員と一緒になってつくるつもりで進めるほうがうまくいきます。

　「○月ぐらいの完成をめざして、これから作成プロジェクトをスタートします」と予告する際には、「目的」「メリット」をしっかり伝えることを忘れないようにしましょう。

⑤ルールブックの名称を検討

　「ルールブック」という名前は、あまり親しみがありません。

　そこで、もっと自分の会社ならではのオリジナリティがあって、ユニークな名称を、ぜひ考えましょう。

　ちょっと遊び心で、開発ネームと正式ネームというように2つつけてもよいかもしれません。

　たとえば、「○○（会社名）ハンドブック」「○○ブック」「○○手帳」というようなオーソドックスなものから、「○○の心得」や「○○クレドブック」「R・BOOK」「虎の巻」というようなユニ

ークなものもあります。もちろん、名前のつけ方に制限はありませんので、ユニークで愛着がわくような名前をぜひ考えましょう。

会社ルールブックは、オンリーワンの会社の財産です。

前述した「参加型」をここでも取り入れて、広く社員全員から名称案を募ったり、候補のなかからノミネート形式で投票方式にしてもよいでしょう。あなたの会社にふさわしい名前を決めてください。

⑥盛り込む項目を検討

名前を決めたら、いよいよ中身に入ります（もちろん、名前は最終決定までいかないで、並行して検討することも多いと思います）。

会社ルールブックに記載する項目は原則として自由なので、必ず記載しなければいけないものなどもなく、「ひな形」のようなものもありません。自由に考えて、盛り込んでいきましょう！

…と言われても、何を盛り込んだらよいのか、なかなかすぐには出てこないのではないでしょうか。

何もない状態からは、人は自由には動けないものです。フレームがあるほうが、より個性を発揮した自由なアイデアが出るのです。

そこで次ページ以下に、私の会社がいままで作成してきたなかから、「項目候補」というものを紹介しますので、そこから選ぶような形で進めてみてはいかがでしょうか。

ただ、あまりにもこのサンプルにもとづいてしまうと、なんとなく他社と似たような内容になってしまうので、頼りすぎることのないようにしてください。ここで紹介した以外にも、自由に項目を追加していただければ、と思っています。

まずは、ルールブックを作成するときに使う次ページからの一覧シートを、参考のために見ていただけますでしょうか（ダウンロードにて提供しています☞213ページ参照）。

【会社に関すること】【仕事に関すること】【職場で守るルール】【チェックリスト・書き込みページ】【管理職向けページ】のカテゴリーごとに紹介していきます。

◎会社ルールブックに盛り込む項目（サンプル）一覧シート①◎

#	【会社に関すること】	盛り込む	現在の有無
1	経営理念	Yes ・ No	有 ・ 無
2	行動指針	Yes ・ No	有 ・ 無
3	社是	Yes ・ No	有 ・ 無
4	クレド	Yes ・ No	有 ・ 無
5	会社概要	Yes ・ No	有 ・ 無
6	会社沿革	Yes ・ No	有 ・ 無
7	社長からのメッセージ	Yes ・ No	有 ・ 無
8	組織図	Yes ・ No	有 ・ 無
9	会社ロゴ	Yes ・ No	有 ・ 無
10	事業計画	Yes ・ No	有 ・ 無
11	年間目標	Yes ・ No	有 ・ 無
12	社内イベント	Yes ・ No	有 ・ 無
13	働き方改革の方針	Yes ・ No	有 ・ 無
14	災害対応	Yes ・ No	有 ・ 無
15	災害ダイヤル171	Yes ・ No	有 ・ 無
16	評価する社員とは	Yes ・ No	有 ・ 無
17	評価制度の概要	Yes ・ No	有 ・ 無
18	テレワークに関して	Yes ・ No	有 ・ 無
19	その他	Yes ・ No	有 ・ 無

　上表は、【会社に関すること】のサンプル項目です。
　175～183ページに、作成したルールブックのサンプルも掲載しています。
　上の表は、主に企業情報や社員に知っておいてもらいたい会社の概要などのページです。

◎会社ルールブックに盛り込む項目（サンプル）一覧シート②◎

#	【仕事に関すること】	盛り込む	現在の有無
1	あいさつ	Yes ・ No	有 ・ 無
2	言葉づかい	Yes ・ No	有 ・ 無
3	サービス8大用語	Yes ・ No	有 ・ 無
4	朝礼	Yes ・ No	有 ・ 無
5	終礼	Yes ・ No	有 ・ 無
6	仕事の8大意識	Yes ・ No	有 ・ 無
7	報・連・相	Yes ・ No	有 ・ 無
8	PDCAサイクル	Yes ・ No	有 ・ 無
9	5W2Hでの行動規範	Yes ・ No	有 ・ 無
10	会議のルール	Yes ・ No	有 ・ 無
11	チームワークのルール	Yes ・ No	有 ・ 無
12	アクションのルール	Yes ・ No	有 ・ 無
13	名刺交換	Yes ・ No	有 ・ 無
14	電話応対	Yes ・ No	有 ・ 無
15	クレーム対応	Yes ・ No	有 ・ 無
16	自己啓発のルール	Yes ・ No	有 ・ 無
17	職場の改善・向上	Yes ・ No	有 ・ 無
18	仲間のマナー	Yes ・ No	有 ・ 無
19	その他	Yes ・ No	有 ・ 無

　これは、【仕事に関すること】のサンプル項目です。
　作成したルールブックのサンプルは、184～192ページに掲載しています。
　ここでは、ふだんの仕事において必要な情報や、みんなでこうやっていこう、というような仕事のやり方に関するルールなどが入ってきます。

◎会社ルールブックに盛り込む項目（サンプル）一覧シート③◎

#	【職場で守るルール】	盛り込む	現在の有無
1	入社時の決まりごと	Yes ・ No	有 ・ 無
2	退職時の決まりごと	Yes ・ No	有 ・ 無
3	出勤・退勤	Yes ・ No	有 ・ 無
4	欠勤・遅刻・早退	Yes ・ No	有 ・ 無
5	残業・休日出勤の申請	Yes ・ No	有 ・ 無
6	休日・休暇	Yes ・ No	有 ・ 無
7	年次有給休暇	Yes ・ No	有 ・ 無
8	勤務間インターバル制度	Yes ・ No	有 ・ 無
9	休職	Yes ・ No	有 ・ 無
10	試用期間	Yes ・ No	有 ・ 無
11	給与・賞与	Yes ・ No	有 ・ 無
12	事故や災害	Yes ・ No	有 ・ 無
13	制裁・懲戒	Yes ・ No	有 ・ 無
14	表彰	Yes ・ No	有 ・ 無
15	慶弔関連	Yes ・ No	有 ・ 無
16	出産・育児	Yes ・ No	有 ・ 無
17	提出物一覧	Yes ・ No	有 ・ 無
18	機密情報	Yes ・ No	有 ・ 無
19	競業避止義務	Yes ・ No	有 ・ 無
20	SNS等の注意事項	Yes ・ No	有 ・ 無
21	セクシュアル・ハラスメント	Yes ・ No	有 ・ 無
22	パワー・ハラスメント	Yes ・ No	有 ・ 無
23	その他	Yes ・ No	有 ・ 無

　これは、【職場で守るルール】のサンプル項目です。
　ルールブックのサンプルは、193〜203ページに掲載しています。就業規則から抜粋して、わかりやすい言葉にしているページです。

◎会社ルールブックに盛り込む項目（サンプル）一覧シート④◎

#	【チェックリスト・書き込みページ】	盛り込む	現在の有無
1	個人目標	Yes ・ No	有 ・ 無
2	身だしなみチェックリスト	Yes ・ No	有 ・ 無
3	5Sチェックリスト	Yes ・ No	有 ・ 無
4	日報フォーマット	Yes ・ No	有 ・ 無
5	3分間フィードバック	Yes ・ No	有 ・ 無
6	評価項目チェックリスト	Yes ・ No	有 ・ 無
7	今週の感謝	Yes ・ No	有 ・ 無
8	会社カレンダー	Yes ・ No	有 ・ 無
9	その他	Yes ・ No	有 ・ 無

◎会社ルールブックに盛り込む項目（サンプル）一覧シート⑤◎

#	【管理職向けページ】	盛り込む	現在の有無
1	管理職の役割	Yes ・ No	有 ・ 無
2	マネジメントスキル	Yes ・ No	有 ・ 無
3	面接時の注意	Yes ・ No	有 ・ 無
4	入社時の注意	Yes ・ No	有 ・ 無
5	退職時の注意	Yes ・ No	有 ・ 無
6	試用期間の判断	Yes ・ No	有 ・ 無
7	欠勤者の取扱い	Yes ・ No	有 ・ 無
8	解雇について	Yes ・ No	有 ・ 無
9	セクハラ・パワハラ	Yes ・ No	有 ・ 無
10	その他	Yes ・ No	有 ・ 無

　これらは、【チェックリスト・書き込みページ】と【管理職向けページ】のサンプル項目です。

【チェックリスト・書き込みページ】のサンプルは、204～207ページに掲載しています。

　このページは、差し替え可能なリフィルを入れる「システム手帳」形式にすると、使いやすくなります。

　同じページをたくさんつくっておいて、実際に書き込んで使うようにします。綴じこんでしまうと、差し替えがきかなくなるので、年に1回、書き込む程度の使い方になってしまいます。

　ただし、チェックリストとしては、書き込まなくても見ることで、その機能を果たすので、綴じ込みタイプでも使用できます。

　この【チェックリスト・書き込みページ】は、会社によって内容が大きく異なります。ぜひ、いろいろなアイデアを出し合って、ユニークで使えるページにしていきましょう。

　一方、【管理職向けページ】のサンプルは、208～212ページに掲載しています。

　これは、その名のとおり、「管理職」だけが見ることを想定して、作成するページです。

　リフィルタイプで差し替え可能だったら、このカテゴリーだけを管理職に渡すものには入れて、一般社員に渡すものには入れない、という対応ができます。

　綴じ込みにする場合は、2パターンの綴じ込み冊子を作成して、「管理職用」と「一般社員用」に分けることになります。

　さて、【会社に関すること】【仕事に関すること】【職場で守るルール】【チェックリスト・書き込みページ】【管理職向けページ】のそれぞれは、項目名の右側にある「盛り込む」欄の「Yes・No」のいずれかに○をつけながら、どの項目を盛り込んでいくのかを検討していきます。

　各項目のタイトルだけではわかりにくいと思うので、各項目の中身については6章にサンプルページを掲載している（ダウンロード

もできます）ので、それを見ながら選んでいきましょう。

　また、経営理念や会社概要など、掲載するにあたって、すでにできているもの、決まっているものがある場合は、前述の「会社ルールブックに盛り込む項目（サンプル）一覧シート」の一番右側にある「現在の有無」欄の「有・無」のいずれかに○をつけていきます。

　「有」に○をつけたもの、つまり、すでにあるようでしたら、それを材料にして、会社ルールブックのページに合わせて整える作業を進めます。

　いま現在はないのだけれど、会社ルールブックを作成する機会に合わせて新たに決めたい、つくっていきたいというのであれば、ぜひつくっていきましょう。いままであやふやだったものや、明確に決まっていなかったものを、プロジェクトで決めていく、よい機会になります。

　ちなみに、このサンプル一覧シートの項目で、「その他」となっているものを除くと、全部で75項目になります。

　内容によっては、1ページに収まらないで複数ページになるものもあるので、全体としてはかなりのページ数になります。

　目安としては、多くても「75項目＋その他」の半分ぐらいの項目数がお勧めで、一般的には40～50ページぐらいになるかと思います。

⑦項目の中身の作成

　サンプル一覧シートで検討したうえで、盛り込む項目をある程度決めたら、中身をつくっていくことになります。時間をかけられるのであれば、ぜひじっくりと1ページずつ会社オリジナルのものをつくっていきましょう。

　あまり時間がないという場合は、この本のサンプル項目を修正しながら、あなたの会社に合うように整えていきましょう。

　前述した社員の「参加型」で作成するページは、カテゴリーのなかでは「仕事に関すること」が適しています。

それぞれ、しっかりとしたルールや、みんなで取り組んでいきたい項目を決めて、それをお題にして、111ページで説明したような社員参加によるワーク形式で決めていきましょう。

　中身を作成するポイントとしては、とにかく**わかりやすい言葉を使う**ということです。
　就業規則のように難しい言葉を使ったり、「〜しなければならない」「〜してはならない」「〜とする」という表現のしかたでは、社員にはうまく伝わりません。「〜しよう」「〜しましょう」というように記載して、前向きに守っていくような表現にします。文章も必要以上に詰め込まず、難しい単語も減らして、とにかくきちんと伝わることを第一に考えて作成していきましょう。
　また、イラストや図を適宜使うこともおすすめです。
　できるかぎり**親しみやすいもの**にしましょう。これができることが、就業規則ではなく会社ルールブックというツールの大きな意義なのです。
　中身を整えていくには、一番時間を費やすかと思われます。また、参加型で作成するのであれば、ワークをする時間やそれをまとめる時間も加わるので、作成手順のうち、ほぼこの「⑦項目の中身の作成」が、最もボリュームのある作業となるでしょう。
　しかし、一度つくっておけば、確実に会社の財産になります。よりよいものにするためには、内容を改訂したり、事業計画や会社カレンダーなど毎年変更が必要になる項目もありますが、みんなで組織風土をよくしていくためのルールが形としてできあがることは、非常に価値のあることではないでしょうか。
　私は、単発の研修に費用と時間をかけることよりも、この会社ルールブックを作成するというプロセスを通して、社員にもいろいろと考えてもらったうえで、できあがったものを使って、よりよい組織風土を形成していくほうが、よほど社員の日々の行動に影響を与えられると思っています。

特に一番最初につくるときは、それなりの苦労がありますが、その苦労の対価としての「価値」は、長い目でみると非常にコストパフォーマンスに優れた取組みだと感じています。

⑧印刷、製本

さあ、頑張って中身を作成したら、いよいよ印刷です。

印刷は、自社で行なう場合と印刷会社に依頼する場合とがあります。10数名ぐらいの少人数の会社で、綴じ込みの冊子にせずに、手帳形式のリフィルとして使う場合は、通常の会社のプリンターなどで十分に印刷できます。そして、この場合のメリットは、いつでもすぐに修正が可能なことです。また、追加や削除などにもすぐに対応できます。

用紙は、白紙で定型のものが市販されています。システム手帳のサイズなので、「6穴」の穴もすでに空いています。サイズは、一般的に「バイブルサイズ」といわれているものです。

プリンターの「用紙」を「ユーザー定義」（機種によって表示は異なります）にして、横95mm、縦171mmに設定して印刷します。穴が空いているほうの余白を少し広めにすると、手帳に入れた際にバランスがよくなります。

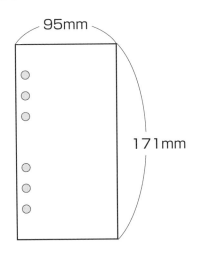

綴じ込みで冊子にする場合や、リフィルで差し替えられる形であっても部数が多い場合などは、印刷会社に依頼するケースもあります。

費用の問題はありますが、体裁を整えたり、デザイナーがデザインをしてくれたり、イラストなども適宜織り込んでくれたりします。

印刷会社に依頼すると、ちょっと修正したい、変更したいなどの場合に、すぐに対応できないというデメリットはありますが、出来栄えや部数のことを考えると、印刷会社に発注して作成する場合も多いと思われます。

なお、綴じ込みの場合は、表紙も込みで発注することになります。

リフィルにする場合は、別途カバーとなる手帳を手配する必要が出てきます。手帳の場合は、会社のロゴや社名を「箔押し」することで、見た目にもより愛着がわくようになるでしょう。

ユニークな使い方をする会社では、毎年ＭＶＰ社員として表彰される人には、ブランドものの高級手帳を賞品としてプレゼントしています。定型サイズなので、そのまま会社ルールブックを入れて使用できるのです。

会社の風土にもよりますが、このようなイベントとしてゲーム感覚で使っていくことも、会社ルールブックが定着するための取組みの一つといえるでしょう。

⑨発表、配布

印刷が終了したら、社員に発表して配布します。

社員全員に1冊ずつ渡して、いつも携帯してもらうことが大事です。会社の理念をいつも見返す、会議がスタートする前にはみんなで「会議のルール」のページを読む、トラブルがあった場合にも該当ページを開くなど、いつでもどこでも使うことによって、会社ルールブックの効果は最大限に発揮されます。

発表のしかたについては、いつもどおりの会社の発表のしかたでもちろん大丈夫です。会社ルールブックならではの、というような

発表のしかたは特にありません。社員総会のような場で発表して配布したり、部署ごとに個別に説明して配布してもよいでしょう。

ただし、発表する際には必ず伝えてほしいことがあります。それは、「④社員への予告」のときと同様に、会社ルールブックの「目的」と「メリット」を伝えることです。

なんのために導入するのか、導入したらどんなよいことがもたらされるのか——会社ルールブックはツールであり、手段なので、これを使っていくことで、何をめざしていくのかを、何度も何度も伝えるようにしてください。

なお、配布する前に気をつけることは、このルールブックを社外秘にするかどうか、退職時には回収するかどうかなどを、あらかじめ明確に決めておくということです。

内容次第ではありますが、会社ルールブックは"使ってナンボ"といったものです。私としては、家にも持って帰って家族にも見てもらったり、いつでもどこでも確認ができるほうが、このルールブックの持ち味を最大限に発揮できると思っています。

ある会社では、お客様や取引先にも見てもらい、話題を広げるツールとしてどんどん使うようにしています。

それこそ「なんのために」使うのか、という目的によって変わるものなので、しっかりと会社側で決めて、配布時に伝えておきましょう。

⑩運用スタート

発表、配布が終われば、ここから運用スタートです。

しつこいぐらいに言っていますが、会社ルールブックは「ツール」であって「手段」です。これを使って、効果を発揮しないとまったく意味がありません。

次の章からは、どのように使っていくのか、運用のコツも含めて「会社ルールブックの使い方」を説明していきます。

Break time

報連相の本当の意味

✔「ほうれんそう」とは？

「報連相」（ほうれんそう：報告・連絡・相談）は、この本の会社ルールブックのサンプルページにもありますが、非常によく使われる言葉ではないでしょうか。

若手社員が身につけるべき仕事のやり方、大事な仕事の一つという意味で使われ、「まずは報連相を徹底すること」などといわれます。

しかし、この「報連相」の本来の意味は少し違うということをご存知でしょうか。

実は、「報連相」という言葉は、1982年に当時の山種証券（現在のＳＭＢＣ日興証券）の社長であった山崎富治氏がつくった言葉とのことです。山崎氏は2014年に亡くなられています。

絶版になっていますが、『ほうれんそうが会社を強くする──報告・連絡・相談の経営学』（山崎富治著／ごま書房）という本も出ています（ちなみにこの本は、ダジャレだらけです…）。

この本のなかで、山崎氏は次のように述べています。

組織がちょっと大きくなったとたん、どうも社内の縦・横の繋がりというか、情報の流れというか、そうしたことが、ぎくしゃくしはじめたきらいがある。
（中略）
人と人の意思の通いあい、気持ちの通いあいが悪くては、会社がうまくいかない以前に、社長以下、働いている人自身が楽しくない。
（中略）
下からの意見をどう吸いあげるか、みんなが働きやすい環境をど

う作るか、暖かい人間関係をどう作るか、少数精鋭で社員一人ひとりに厚く報いるには…と、つね日ごろ頭を悩ませていたとき思いついたのが、"ほうれんそう"だった。

　この言葉をつくった山崎氏は、本来は、報告・連絡・相談などが滞りなくできるような、「通い合い」のある職場が経営には大事だ、と考え、それを「ほうれんそう」と呼んでいたのです。
　つまり、部下が報連相できないことを、部下が悪い、部下は社会人としての基本が身についていないからだ、とすることは本来間違いであって、報連相ができない職場にしていることが問題なのです。

✔ **報連相できないのは会社に問題がある**
　そう考えると、どちらかというと、上司側に問題がありそうです。そして、まさしくその会社の「組織風土」の問題ということではないでしょうか。
　部下に無理やり報連相を身につけさせようとすること自体がおかしな話で、報連相が自然と起きる風土になっていないことを何とかしないといけない、と考えるべきなのです。
　どんなに部下に報連相の研修をしたりしても、それを受けるべき上司、会社が、ギスギスとした態度をとるようでは、報連相は定着しません。
　逆に考えると、報連相がちゃんと起こる職場であれば、わざわざ報連相研修などに行かせなくても、自然と部下から報連相が出てきます。
　この職場風土づくりに社員みんなで取り組むほうが、報連相ができないのは誰々に問題がある、とするよりも、よほど建設的に対処できるのではないでしょうか。

4章

会社ルールブックの「使い方」

4-1 会社ルールブックはどのように使うのか

 会社ルールブックは使ってナンボ！

　何度も同じことを言って、大変恐縮なのですが、この見出しの言葉は本当に一番伝えたいことです。

　どんなにいいものであっても、社員みんながそれを見て、読んで、活用していかないとまったく職場は変わりません。ルールだけ決めても、理想だけ掲げても、働き方改革は実現しないのです。

　社員に完成したものを渡して、「会社ルールブックができたので、よく読んで活用するように」と言っても、おそらく何も変わらず、そのままただ持っているだけでしょう。

　完成した会社ルールブックをどのように使えば効果を発揮できるのか、どのように職場に浸透させたらよいのか——そのためには、押さえておきたいポイントがあります。

 職場に浸透させるポイント

　会社ルールブックを浸透させるポイント、それは、「めげない」ことです。ちょっと乱暴な言い方ですが、これが真実です。

　導入直後から、社員みんなが「これは素晴らしい！」といって、ルールブックどおり振る舞うことはありません。浸透していくには時間がかかります。次ページ図のようないわゆる「**浸透曲線**」というものがあり、しばらくは時間が経ってもなかなか浸透しません。

　しかし、ある一定の人数に浸透していくと、一気にまわりの者にも浸透していく転換点があります。マーケティングでは集団の25％に浸透すると、あとは勝手にまわりにも及んでいくといわれています（例：女子大生に化粧品を配布して、一定人数に使ってもらうと一気にまわりの人が購入し始める）。

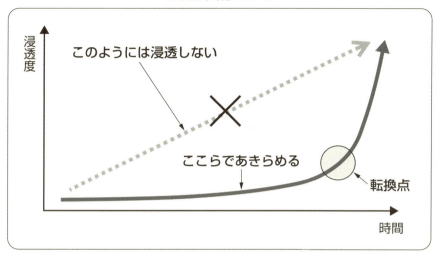

◎浸透曲線とは◎

　しかし、その転換点に至るまでは、なかなか浸透しません。そして、転換点までの途中で、「やはりわが社には向いていないのか」「あまり効果がないのか」と、あきらめてしまうのです。それどころか、「他ではうまくいったと聞いて導入したのに、うちの社員はレベルが低い」というように、社員のせいにしてしまう始末です。

　この浸透曲線をイメージして、まずは転換点までいかに早くもっていけるかの施策を考え、実行しましょう。「めげない」ことが大事なのです。

転換点まで早くたどり着くために

　転換点までは、思うように浸透してくれません。しかし、何もしなければ、転換点には永遠にたどり着かないので、いろいろと工夫をしながら、**浸透させる取組みを講じていく必要があります**。

　転換点まで、できるだけ早くたどり着くためには、社員1人ずつじっくりと説明して、地道に仲間を増やしていくことです。泥くさく、力仕事で、ひざを突き合わせて話して理解してもらうのです。

　逆に、一番遅くなるのが「全員が集まっている機会に伝える」こ

とです。みんなが集まっている機会のほうが、効率がよく、多くの人に伝わるのでは、と思いがちですが、目的は事実を知らせることではなく、深く理解して納得し、実際に取り組んでもらうことです。

　浸透させるのは、予告のときのように通知することが目的ではありません。みんなにまとめて伝えるというやり方は、いつまでたっても「1人 vs. 全員」という図式です。集団心理というものもあり、集団で聞いたことは、1人だけが行動をしようとはせず、まとめて一つの意思決定を起こしがちになるのです。

　実は、浸透への一番の近道は、**1人ひとりと対峙して熱意を込めて伝える**、ことです。

　「職場風土をよくするために、どうしても使ってほしい」という強い想いを集団に向けてではなく、個人にはっきりと意思表示して話し、時には説得して納得してもらって、使ってもらうのです。

　このように、地道に仲間を増やしていき、転換点の人数までたどり着くことをめざして、伝えていくわけです。

　この場合、できる限り組織において影響力が強い人をまず仲間にしていきましょう。そうすれば、まわりの人の関心も高まります。

　これも私の失敗談ですが、社長と人事部門でルールブックを完成させましたが、営業のトップである部長を巻き込んでいませんでした。すると、いざ使っていこうという段階で、この営業部長は「忙しいのに、そんなことやってられないよ」ということを、部下たちに話したのです。

　こうなると、浸透させるのは非常に難しくなります。

　いかに、影響力のある人に納得してもらって、動いてもらうようにするか。それには、社員全員がいる場面で伝えるよりも、個別に話していくほうがよいのです。

　仕事が終わった後に飲みにいって、嘆願しながら想いを伝える…。このようなことも必要なのかもしれません。

　1人ひとりを地道に仲間にしていくことが、最終的には早く浸透させることになるのです。

4-2 ルールブック委員会を設置しよう

 目的を明確にした委員会の設置を

会社ルールブックは、継続的に使用していくツールです。

毎年、よりよいものに改善していくことが必要で、その機会を使って、うまく社員の関心にもつなげていくことが大事です。

そのためにも、ぜひ「**委員会**」という形で、会社ルールブックをよりよくするための集まりを設置しましょう。

名称はもちろん「委員会」でなくてもOKです。「活用プロジェクト」であったり、「職場改善チーム」というような名前でもいいでしょう。

ただし、委員会を設置する目的は明確にします。もちろん、「会社ルールブックを使って、よりよい職場にする」が目的です。その委員会はなんのためにあるのかを明確にすることが、一番大事なのです。

会社ルールブックに関して社員から意見を聴収する場合、否定的な意見や、マイナス点を指摘されることが必ずあります。

しかし、そのマイナス点を解消することが最終目的ではなく、このツールがあるおかげで、職場風土がよくなることが最終目的です。

これを見失ってしまうと、不満点やマイナス点の解消をすることが委員会の目的になってしまって、結局は、会社ルールブックはただ存在しているだけで、形骸化してしまうということになりがちです。

多少手間がかかっても、また一部の社員から不満が出ることがあっても、会社ルールブックによって職場風土がよくなっていくのであれば、頑張って続けてほしいのです。

委員会のメンバーの選定

　委員会に属するメンバーは、会社によってまちまちです。若手中心のところもあれば、社長が加わってやっているところもあります。

　ただし、アドバイスさせていただくとしたら、次のような選定のしかたがよいでしょう。

- 浸透を目的にしている期間は、影響力のある人を中心にメンバーを選定する
- 社員を育成する段階になってきたら、期待される若手をメンバーに加える

　特に、ルールブックの導入時は、まだまだみんなが納得して使っている状態まではいっていません。このときに、若手社員にも会社について考えてもらいたいからと、メンバーの中心に据えてしまうと、上の立場にある人にはいつまでも浸透しないままになってしまいます。

　そこで最初のうちは、影響力のある人物をメンバーの中心にすえておき、浸透させるためにぐいぐい引っ張ってもらうようにしましょう。

　また、経営者が常に関わることは必要ですが、直接のメンバーというよりは、委員会の責任者という立場で、中身を直接先導する役割はもたせずに、影響力を残すという程度の形が理想的です。

　メンバーの構成は5〜8名程度が望ましいでしょう。このくらいの人数が、活気をもって話し合える人数の上限です。もちろん、数名規模の会社であれば、全員参加の委員会になっても問題はありません。

　任期は、浸透させることにまず力を入れる最初の段階では、複数年にしておき、委員会の運営がまわりだしてきたら、毎年メンバー

を入れ替えることをおすすめします。

　やはり、自ら運営する側の立場になると、誰もが真剣によりよくしようという意識になってきます。立場の違いは大きいのです。

　会社ルールブックを他人ごとと感じていた人でも、自分のこととして感じるように変わってきます。これを一通り、社員全員が経験できるようになるとなおよいでしょう。

　また、毎年メンバー全員を入れ替えるよりは、引き継ぎもあるので、半分は残留し、残り半分を新メンバーで、というような形で進めると、比較的スムーズにいきます。

 委員会で行なっていくことは？

　委員会では、「会社ルールブックを使って、よりよい職場にする」ことを目的として、次のような活動を行なっていきます。

- ●会社ルールブックの中身についての改善の検討
- ●会社ルールブックの活用方法についての検討
- ●会社ルールブックを浸透させるための取組み
- ●次年度の会社ルールブックの改訂

　会社ルールブックは、最初は会社で枠組みを作成してもよいですが、浸透してきたら、一般社員を中心によりよいものに成長させるようにしていきましょう。

　自分たちでつくり上げるルールブックだからこそ、遂行度があがっていき、効果にもつながっていきます。

　なお、上記の検討や取組みに関しては、この後でもう少し詳しく説明していきますが、その前に、ルールブック委員会の役割などをまとめた文書を例示しておくと、次ページのとおりです。

◎ルールブック委員会の設置文書の例◎

【ルールブック（仮称）委員会】

●目的：
ルールブックを使って、よりよい職場にする。

●メンバー：
導入時から浸透をメインにしている期間は、影響力のある人を主体に構成し、浸透が進んだら、若手社員の会社について考えるという育成の場として構成する。

●開催：
月に1回程度。メールやグループウェアなどでコミュニケーションを取り、イベント時には、随時集まる。

●任期：
導入当初は2〜3年。浸透が進んだら、1年〜2年で、半分のメンバーが入れ替わるようにしていく。

●やること：
ルールブックの中身についての改善の検討
ルールブックの活用方法についての検討
ルールブックの浸透のための取組み
次年度ルールブックの改訂　など

●スローガン：
「めげない」

ルールブックの使い方の検討方法

 ワーク形式で検討する

　ルールブックをどのように使っていくか──委員会を設置した場合は、これを考えていくことが、一番の任務になります。委員会を設置しない場合であっても、経営者や人事部門のスタッフが、これについて考え、実施していかないといけません。

　そうはいっても、何からどう手をつければいいのか…、となってしまうかもしれません。そこで、私が運用サポートをお手伝いする際に、委員会に加わって、どのように考えて検討したらよいか、アシストをする際のやり方を紹介しておきましょう。

　まず、どのように使っていくか、そして浸透につなげていくのか、そのアイデアを委員会のメンバーからワーク形式で出してもらうようにします。

───【ルールブックの使い方の検討ワーク】───
　①４つの機会を考える
　②時間単位で考える

　上記の組み合わせで、会社でできることのアイデアをたくさん出してもらいます。参加型の「付箋ワーク」で進めます。
　「①４つの機会を考える」の４つの機会とは、次のとおりです。

- 考える機会
- 接触する機会
- 約束する機会
- 振り返る機会

そして、「②時間単位で考える」とは、次のとおりです。

- 毎日単位
- 毎週、毎月単位
- 毎年単位
- 随時

具体的な検討のしかた

「毎日単位」で、会社ルールブックに「接触する機会」はどのようなことがあるか、「毎月単位」では何があるか、「1年に1回」では何があるか…というように考えて、アイデアを出してもらいます。

「考える機会」については、上司と部下で話し合って約束することは「週に1回」か、「月に1回か」…、というように、職場のシーンをイメージしながら、会社ルールブックが活躍する場面をつくっていきます。

まずは、できる・できないは考えずに、アイデアをたくさん出すことが重要です。ルールブックを作成するときと同じように、付箋にたくさん書き出して、それをポスターに貼って、みんなで俯瞰しながら話し合っていきます。

そして、そのなかで今年は何に取り組んでいくか、ということを決めていきます。

このような使い方のアイデアは、他社のやり方などを参考にせずに、しっかりと現在の会社の状況、在籍している社員、現在の職場風土、などを考えて、決めていってほしいのです。

よく、「他社でうまくいっている例を教えてもらえませんか」と聞かれるのですが、他社とは、職場風土も働いている社員も、いままで何をやってきたかということも異なります。

その違いがあるなかで、他社でうまくいったからといって、自分の会社でもうまくいくとは限らないのです。

◎会社ルールブックの使い方の参考例◎

- 社内掲示
- ノベルティ
- 毎月・週・日の目標
- 朝礼・終礼時の唱和
- 社内報
- 評価制度
- Q&A
- ブログ
- お客様への発信
- 改良点募集
- ブランド手帳
- 社内アンケート
- 意見箱
- レポート
- ノート記入
- 研修
- メール配信
- ページ解説
- クイズ大会
- 掲示板
- ポエム
- シール
- 休暇（褒賞）
- 社外アンケート
- スクリーンセーバー
- 日報
- 強化月間制度
- 勉強会
- 試験制度
- ライセンス制度
- SNS活用
- エピソード集
- 川柳
- ポイントカード
- 大賞（年間、月間）

など

　したがって原則は、みんなで頭を振り絞って、委員会メンバーや経営者が考える、ということです。しかし、なかなか思い浮かばない、となってしまうのが現実かとも思われます。内容の詳細までは、細かく記載しませんが、ヒントとして、他社の取組み例を一覧にして掲示してみました。ぜひ、参考にしてください。

　ただし、繰り返しになりますが、他社の例はあくまでも参考程度にとどめて、原則は自分の会社でしっかりと考えるようにしていきましょう。

4-4
おすすめの使い方①「朝礼・終礼」

 参考にできる使い方の例を紹介

　会社独自で考えた「会社ルールブック」の使い方は、とても重要です。3章でも説明しましたが、自分たちが意見を出してつくったものと、外部から与えられたものとでは、遂行度が大きく変わりますし、その結果、パフォーマンスも変わってきます。

　この項からは「おすすめの使い方」を紹介していきますが、これらはあくまでも参考程度としてください。修正などを加えて、自分の会社に合わせたものにしていってください。

　ただし、この項から紹介する使い方は、多くの会社が活用する方法として、うまくいく傾向が高いものです。

　まずは、これから紹介する活用法から検討するとよいかと思われます。全部で8つほどありますが、簡単に説明していきます。

 朝礼や終礼時に活用する

　朝礼や終礼などを実施している会社は、その際に社員全員に会社ルールブックを持参してもらい、読みあげるページなどをあらかじめ決めておくとよいでしょう。

　ある会社では、各ページの下の欄外のところ（フッター）に、「1日1名言」というコーナーを設けて、朝礼のときに読み上げる形式で行なっていました。ちょっと楽しみながら活用しようという取組みですね。

　そのほか、多いケースとしてあげられるのは、「企業理念」の唱和です。会社ルールブックのなかから、企業理念のページを取り出して唱和します。

　「毎日」「接触」する機会を設けることで、企業理念も会社ルール

ブック自体も浸透が進んでいきます。

マンネリでも継続することに意義がある

　よく、「ただ読んでいるだけなんてマンネリで意味がない」という意見もいただき、「企業理念の唱和はやめたほうがいい」というような声もあがってきています。

　しかし、これを継続していけるかどうかで、企業理念がちゃんと社員に落とし込まれているかどうか、がかなり違ってくるのです。

　マンネリでも繰り返していくことに、実は非常に意義があるのですね。継続の力は素晴らしいのです。

　もちろん、朝礼・終礼とは別の場で、企業理念に関する研修や、話し合いなどの機会を設けて、より深く企業理念に関わるようにしていくことも大事です。

　ただ短絡的に、「唱和だけでは意味がない」とやめてしまって、企業理念を理解する入り口から離れていってしまわないようにしてください。

　また、朝礼や終礼時には、その日のスケジュールや翌日のスケジュールの確認などをすることもよいでしょう。

　個人目標の確認や、今日1日、あるページ（たとえば「チームワークのルール」や「自己啓発のルール」など）を取り上げて、それについて頑張ってみるなど、毎日行なう朝礼・終礼は会社ルールブックに触れる機会にふさわしく、ルールブックの中身を考えるよい機会でもあるのです。

　毎日のことなので、負担が増えないように、軽く触れるだけでもよいかもしれません。それだけでも「ほったらかし」にはならず、気づきの機会をつくり出すことができるようになります。

　もし、あなたの会社が朝礼などを行なっているのなら、毎日考えることのできる貴重な機会ですから、どんなルールブックの使い方ができるのか、検討してみてはいかがでしょうか。

4-5
おすすめの使い方②「募集・採用」

職場における実際が"見える化"している

　実は、いままで導入した会社からとても有効だといっていただいているのが、「募集・採用」のツールとして使うというものです。

　たとえば、合同会社説明会の際に、参加者に渡して（あとで返却してもらう）、「当社はこのようなツールを使って、働き方を明確にしています」と、内容を説明していくのです。

　応募者が会社を選ぶにあたって、一番知りたい情報は何でしょうか。それは、「職場の実態」なのです。

　求人広告に費用をかけて、見栄えのよいパンフレットや動画をつくっても、残念ながら広告会社と会社側は満足しているかもしれませんが、求職者には響きません。

　会社ルールブックは、実際に在籍している社員が使っているツールなので、とても説得力があります。応募者用につくったものではないところに価値があるのです。

　面接のときの会社説明用としても、同様に使えます。

　会社の概要、沿革から始まって、社長から社員へのメッセージ、組織図、会社カレンダー、休暇などの内容…、まだ入社していない会社の実態を、本当に使っているツールで説明できるのです。そして、実際に入社してきても、「入社前に抱いたイメージとだいぶ違う」といったミスマッチになる確率はグッと減ります。

　たしかに、きらびやかな会社案内よりも会社ルールブックを使うほうが、希望者は減ってしまうかもしれません。しかし、入社の可能性のある人材の質自体は逆に高まるのではないでしょうか。

　社員向けに作成した会社ルールブックではありますが、募集・採用時には非常に活躍するツールなのです。

4−6 おすすめの使い方③「入社時の説明」

ルールブックがあれば漏れなく伝えられる

　前項の「募集・採用」時に続いて、導入した会社からよく使っているといわれるのが、この「入社時の説明」です。

　新たに入社した社員は、事前に会社説明会などを受けていたとしても、まだまだ会社のことはほとんど知りません。別途、入社時のオリエンテーション用に資料をつくっている会社もあるかと思いますが、その役割を会社ルールブックにまとめてしまいましょう。

　ルールブックに記載されている「**入社時の決まりごと（書類等）**」のページを開きながら、入社にあたって必要な書類などについて説明します（内定時に説明することも多いと思いますが、そのときにも同様に使えます）。

　出勤時のルールや休暇のとり方、申請書をどこに出すかなども記載されているので、説明がしやすくなります。伝え忘れや説明漏れも防げるようになります。

　しかも、書かれている内容は経営者や人事部門の人だけが知っているものではなく、現場の上司も、ルールブックを見ればわかるようになっています。現場で新入社員に関して必要な事項も確認しやすくなります。

　また、入社したときに、自分の名前が書かれた会社オリジナルのルールブックを渡されると、自分もこの会社の一員に加わったんだというよい印象を与えることができます。

　入社時は、会社に対する関心が一番高い時期。守ってもらいたいルールや、めざしているものを伝えやすい、またとない機会です。

　入社に合わせて、本人用の1冊を手渡して、よい職場風土をつくり出す一員になってもらうようにしましょう。

4-7 おすすめの使い方④ 「会議」

会議開催の前に必ずルールを確認する

「働き方改革」を実施するにあたって、生産性を下げずに、労働時間を削減していくことは必須になってきます。

その際に、「**会議時間の削減**」に取り組む会社も多いのではないでしょうか。会議術の専門コンサルタントもいますし、いまこのニーズは高まっているようです。

時間を浪費して、直接、利益を産み出さない「会議」は手がつけやすいところなのかもしれません。

会社ルールブックは、実際の「働き方」を行動レベルで変容させていくツールです。この会議時間の削減についても、大いに活用できるはずですから、次ページにあげたサンプルのように、会議でみんなが守るべきルールを設定しておきましょう。

そして、会議のスタート時には、参加者がこの「会議のルール」のページを開き、それを確認するようにします。場合によっては、みんなで読み上げてから会議に臨んでもよいかもしれません。

そこまでやると、このサンプルにも記載されているように、事前に資料を読んでこない人や遅刻する人は減ってきます。予定した会議時間も守られるようになります。脇道にそれずに時間は短くなり、会議の目的を達成できるようになるのです。

もちろん、最初はいままでとは違う形で会議を進めるので、大変でしょう。しかし、人間の「慣れ」というものは素晴らしいもので、繰り返していくうちに当たり前にできるようになります。これが会社ごとに培っていく「風土」というものです。

当たり前として会議時間が短くなると、内容が濃い形で実施できるので、決してそれを負担には感じなくなります。

会議のルール

●会議は短く、目的重視で！
会議は共有の意思決定の場であり、意見出しなど非常に重要な業務ですが、長くなってしまう傾向にあります。要点に集中して短く簡潔に進行するように、参加者全員で協力しましょう。

【事前準備】
・会議の目的を確認
・事前資料を確認
・開始時間、終了時間を確認
・場所を確認
・開始5分前に必ず集合

【開始時】
・終了時間を再確認（最長2時間）
・会議の目的を再確認（報告および連絡、意見出し、決定）
・何が完了したら終了かを確認

【会議中】
・建設的な意見を言いましょう
・脇道にそれないように
・発言には「うなずき」を
・目的を見失わないように

　そこまでもっていくためにも、そして職場風土として定着させるためにも、会社ルールブックの会議のページを存分に使っていってほしいと思います。

4-8
おすすめの使い方⑤ 「身だしなみチェック」

身だしなみは他人がチェックする

まずは、次ページにあげた会社ルールブックに入れる「身だしなみチェック」のサンプルページをご覧ください。

このようなページを職場に合わせて作成し、1日の仕事をスタートする前に、実際にこのページを開きながら、2人一組で身だしなみのチェックを行ないます。指差し確認をしながら、OKかどうかをチェックしていくのです。

職種によっては、身だしなみが非常に重要となる仕事があります。「身だしなみには気をつけましょう」と相手の意識にばかり忠告しても、なかなか改善されない場合には、このようにチェックリストをつくって、他人にチェックしてもらうことが効果的です。

きちんとした身だしなみが当たり前という風土に

1章で、「5Sチェックリスト」のサンプルを紹介しました（☞42ページ）。

職場の清潔さや、社員の身だしなみなどは、本当に会社によって異なります。私はいろいろな会社に訪問する機会が多い仕事をしていますが、「こうも文化が違うのか」と毎回思うものです。

たかが身だしなみ、と思うかもしれませんが、身だしなみの乱れが、仕事の雑さにもつながってくるといわれています。

当たり前にきちんとしている風土になっている会社であれば、それをぜひ維持してください。そのような風土にはなっていないと思うようであれば、会社ルールブックの作成を契機として、しっかりと身だしなみのルールを定めて、守るのが当たり前という風土にしていきましょう。

身だしなみチェック

● **身だしなみのポイント**
・第一印象を決める要因は約9割が視覚です。
・まわりに不快な印象を与えないよう、感じのよさを心がけましょう。

● **チェックリスト**

項目	ポイント
頭髪	□前髪が目にかかっていない
	□不自然に明るい色ではない
	□清潔である
	□手入れがされている
顔	□ヒゲは剃ってある
	□鼻毛が伸びていない
	□派手なメガネをかけていない
	□歯をきれいに磨いている
服装	□清潔感がある
	□えり、そでに汚れがない
	□シワだらけではない
	□ネクタイのたるみ、汚れがない
	□ズボンを腰ではいていない
つめ	□つめは伸びすぎていない
	□つめに汚れはない
足元	□靴下は無地もしくは地味な柄
	□靴下にたるみはない
	□靴はきれいに磨いてある
	□靴のかかとを踏みつぶしていない
その他	□仕事の場にふさわしい時計である
	□強い臭いの整髪料などはつけていない

きちんとした風土ができあがり、それを継続して守っている会社は、それが当たり前の文化となっているので、社員は決してやらされ感、負担感は感じていないものです。

4-9
おすすめの使い方⑥「研修」

 コスト面からも社内研修に使うのが得策

　いまは、一時期の採用重視から、現有社員をできる限り育成して生産性を高めていこうという傾向にあり、これは私も大賛成です。しっかりと人材育成ができる会社にして、この会社で仕事をしていけば知識も技術も人間性も成長していく、というしくみをつくり上げるべきだと思っており、これが持続経営につながるはずです。

　そのためには、育成のための人事制度を構築することと、会社ルールブックでよい風土をつくり上げ、しくみ化することが、とても有効だと思っています。そしてそこに、研修もからませるのです。

　私も社員研修の講師を多く行なっているので、あまり大きな声ではいいたくないのですが、いつまでも外部研修に頼るのではなく、できる限り社内で研修ができるようにしていくべきです。ある程度のノウハウがあれば、ぜひ社内研修に力を入れてほしいと思います。

　この社内研修にも、会社ルールブックを活用しましょう。
- 社会人としてのマナーのページを見ながら実践してもらう。
- 企業理念について考え、その理念にもとづいたら、どんな振る舞いをしていったらよいのかをケーススタディで実施する。
- 実務や知識に関するページを作成し、それについてのOJTや試験などを実施する。

　毎日持ち歩くツールだからこそ、実践的な研修に役立ちます。非日常の場で講師も他人が務める研修とは、違った効果が期待できます。教える立場の人も成長できるのが、OJTのメリットです。

　仕事の手順や専門用語集などを、会社ルールブックに記載している会社もあります。人材育成・教育研修を目的としたツールとして会社ルールブックを活用してはいかがでしょうか。

4-10
おすすめの使い方⑦「まわりに見てもらう」

 離職を考える社員を家族が止めてくれる効果も

「まわり」とは、社員の家族、お客様、取引先など、社員のまわりにいる人たちのことです。

会社ルールブックの中身に機密情報などを掲載するなど、どうしても外に出せない場合もありますが、本当は**どんどん外に見せるという使い方**をしてもらいたいと思っています。そうすれば、お客様や取引先には、どんな会社なのかの具体的イメージがわいてきます。

これは、親しみなどを増す行為であり、メリットとして作用することが多いのです。実際に、地域紙や業界紙に取り上げられて、知名度向上の営業的効果があった会社もありました。

また、効果が大きいのが、社員の家族に見てもらうことです。家族の安心感につなげることができるからです。

たとえば、社員が離職を考えているときは、家族にも相談するはずです。そして、最後に背中を押すのは家族。配偶者や、まだ若い社員であれば親御さん、これら家族の意見が決断を後押しします。

相談された家族は、たいていは「そう思うなら、反対しないよ」ということになるでしょう。しかし、その配偶者や親は、会社のことを知らない人です。「隣の芝生」ではありませんが、本人にはいまの会社のよいところは見えず、よその会社のよいところばかりに目が行きがちです。「家族を味方にする」という面からも、家族にもできる限り会社について知ってもらっておきましょう。

会社によっては、採用したときに社長が家族に挨拶に行ったり、定期的に家庭訪問したり、社内のイベントに家族を呼んだりすることがあります。会社について家族が知っていることは、この上ない定着率向上の要素にもなるのです。

4-11 おすすめの使い方⑧ 「その他」

内容の前に使い方から検討してみよう

　会社ルールブックのおすすめの使い方、活用方法について、いくつか紹介しました。

　ルールブックは、それぞれの会社がオリジナルでどのようにもつくることができるものです（法律違反となるようなルールの記載はNGですが）。

　したがって、「どのように使いたいか」からスタートして、それに合わせて中身の内容を決めていくことも当然「あり」です。

　委員会を設置して、ぜひどのように使っていくかについて、ここで紹介した使い方だけにとらわれずに考えていきましょう。

　ゲーム感覚、遊び感覚というと、少し極端かもしれませんが、若い人たちにとっては、それくらいのほうが、真剣に取り組んだりしてもらえます。

　たとえば、「マイスター制度」として、会社ルールブックの内容について説明ができるかどうかを認定制度にしたり、優秀者には手帳をプレゼントするとか、「支店対抗クイズ合戦」などと称して、ルールブックの一部を虫食いで空白にしたりして社員総会時のイベントとして開催したりして、親しみやすくするなども考えられます。

　143ページで説明した、考える機会、接触する機会、上司と部下でコミットする機会、掲載された内容を振り返る機会などを通して、毎日できること、週や月単位で行なえること、年1回のイベントとしてできることなど、できるだけ社員を巻き込んで、会社ルールブックがより浸透していくようにしましょう。

　気づいたときには、導入前よりもきっと職場風土がよくなっているはずです。

Break time

現場主義のワナ

✔「現場の声」は誰が出している？

　このコラムは、批判を受けることを多少覚悟して書いてみたいと思います。実は、世の中が「現場主義」という言葉のワナに陥っているケースが多いのでは、と感じることがよくあるのです。

　みな、ステレオタイプに「現場が大事」といいます。しかし、あまり何も考えずに「現場主義」と唱えているような気がするときがあります。ワナに陥っている…、と。

　もちろん、現場を無視するというわけではありません。現場で仕事をする人にしかわからないことは確実にあります。それを知らないままで、経営トップがあれこれ口を出すと、やはりうまくいかないでしょう。

　ただ、言いたいのは、「現場の声は、現場の立場にいる人が出している」という事実をどこまでとらえているのか、ということです。現場には、その立場にいるからこその目的があり、その立場だからこそのフィルターを通しての意見になっている、ということをわかっておく必要があります。

　こんな話があります。

✔「誰から先にリストラしますか」

　「あなたには部下が10人います。1人をリストラしなければならない状況になりました。管理職のあなたは、誰からリストラしますか？」という設問をある女子大で出した。想定していた答えは、これまででいちばん業績があがっていない人をリストラせざるを得ないというものだろう思っていた。

　しかし、その女子学生たちの答えは180度ちがっていて、「最も能力の高い人をリストラする」という答えが圧倒的だった。

この答えを女子学生たちとディスカッションしたところ、能力の高い人間はいつかこの職場を捨てるだろうから、辞めていったときの会社のダメージははかりしれない。ならば、能力の高い人間を先にリストラすべきだ――と考えたそうだ。

　「最も能力の高い人をリストラする」というのは生存本能そのものといえる。能力の高い人は自らのレベルをスタンダードにおき、その能力に達していない人をリストラ対象とみる。いつかおそらく管理職の自分も含めてリストラするだろう。だったらそういう人間こそ先にリストラしたほうがいいと考えた。

　パフォーマンスをあげればあげるほど、組織のなかで嫉妬され、排除されがちである。そういう人が人事で抜擢され、それがスタンダードとされると、それができない人々に不安を与える。

　　　　　（大阪ガス「エネルギー・文化研究所」所長　池永寛明
　　　　　「日本経済新聞」COMEMOに掲載された内容から引用）

....

　この女子学生の考え方は、まさしく現場における考え方と同じ一面を表わしています。現場で働く人は、その立場での有利・不利を基準に判断をすることでしょう。会社にとって有益かどうかで判断するわけではありません。

　これは決して、現場の人が悪いというわけではなく、立場の違いだけであって当然のことなのです。

　自分のやりやすいやり方、手間が増えないやり方、評価が落ちないやり方、立場を脅かされないやり方――それらの基準というフィルターを通しての声になってくる可能性が高いということを、知っておく必要があります。

　そのうえで、その現場がどうとらえるかも含めて、経営側は判断していく必要があります。

　「現場の声」という耳ざわりのよい言葉のワナに陥って、思考停止にならないようにしましょう。その分、覚悟と責任をもって判断をし、決定をしていくことが、経営者には求められるのです。

5章

行動科学と
会社ルールブック

5-1
なぜ会社ルールブックが行動を促すのか

 意識を変えただけでは働き方改革は実現できない

　会社ルールブックは、社員の行動を起こさせ、習慣化させ、風土にするということを実現するツールです。

　「働き方改革」を実現するには、制度を変えるだけでは何も起きません。経営者や社員の意識を変えるだけでも、何も変わりません。正確にいうと、**意識が変わったかどうかは、行動が変わって、はじめて外からわかる**ものです。

　この章では、どうして会社ルールブックは行動を変えることができるのか、それを科学にもとづいて説明していきます。

　私は、人事コンサルタントとして、この会社ルールブックを作成、導入したり、人事制度を作成、構築する会社である法人と、「応用行動分析学」という行動科学を実践・研究している「一般社団法人日本ＡＢＡマネジメント協会」の代表理事も務めています。学問への単純な興味という面から、実際の職場での人の行動という仕事の面もあわせて、ライフワークの一つとして研究を進めています。

　会社ルールブックは、この行動科学の考え方を用いたルールです。下の図のように、行動を引き出す「**きっかけ**」をつくり、自主的に繰り返すような「**フィードバック**」の役割となるツールなのです。

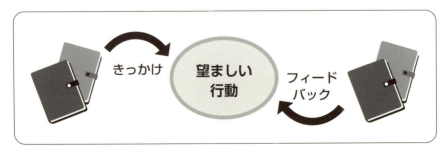

5-2 行動変容を専門とした学問「応用行動分析学」

「ABA」とはどういうものか

　私が専門に研究しているのは、行動科学の一つの分野で、特に行動を変えることに特化した**応用行動分析学**というものです。英語では「Applied Behavior Analysis」といい、この頭文字をとって「**ABA**」（エービーエー）と呼ばれることが多いです。

　ABAは、1960年代頃からアメリカを中心に研究、確立された学問で、一応、心理学なのですが「理系の心理学」といわれており、心理学なのに心のなかは見ません。徹底した「行動」の分析を行ない、その行動の前はどんな状況なのか、行動した後はどんな変化が起きたのか、環境やまわりの反応がどうなったのかを見ていきます。すると、どのような**きっかけ**のときに行動が起きやすく、またどんな**フィードバック**があったときに自分から再度自主的に行動するようになるのか、また逆に行動しなくなるのかがわかってきます。

　そして、そこから先は応用で、望ましい行動をしてもらうためには、何を変えていくのか、どのような働きかけをするのか、ということを、組織の取組みとして定着させ、1人ひとりの行動変容から組織のパフォーマンス向上を実現することに取り組んでいきます。

　日本では、ABAは療育や教育の現場でのみ広まっていますが、アメリカでは専門の人事コンサルティング会社もかなりあり、ビジネスの場で活用が広まっています。以前に私が参加した学会でのシンポジウムでは、アメリカのABAを専門にしているコンサルティング会社の女性社長が来日して、大手航空会社のキャビン・アテンダントの、行動変容のコンサルティングの実例を話していました。

　古くからあるコンサルティングのアプローチですが、あまり流行り廃りがなく、一つのやり方として地道に確立している手法です。

5-3 「強化」の原理と「弱化」の原理

「強化」とは？「弱化」とは？

行動科学であるＡＢＡ（応用行動分析学）の、行動に関する原則は次の2つです。

一つは、自主的に行動をするようになる「**強化（きょうか）の原理**」。もう一つは、行動をやらなくなってしまう「**弱化（じゃっか）の原理**」です。

会社ルールブックは、この「強化の原理」を使って、どんどん望ましい行動が起きるようにしていくツールとして使っていくものです。

あまり専門用語を使いたくはないのですが、この「強化」と「弱化」だけは、わかると理解が深まるので、ちょっと解説させていただきます。

> **強化の原理**
>
> 行動をした後に、何かよいことが起こると、
> 人はそのときの行動を繰り返すようになる。

【例】家で、子どもが「お手伝い」をしたら、お母さんから「えらいね！」と笑顔でほめられました。その子どもは次の日、また「お手伝い」をするようになりました。

これを、ＡＢＡ的にいうと、家という環境のなかで「お手伝い」（望ましい行動）をした後に、「えらいね！＆笑顔」（何かよいことが起きる）とフィードバックがあり、次の日に自分から「お手伝い」をする（行動を繰り返す）ようになるということです。

「お手伝いという行動が、強化された」という言い方をします。これが、「強化の原理」です。

これを、分析の図で表わすと、次のようになります。行動の前を「先行条件」、行動の後を「結果」として、時系列に分析すると、行動を繰り返すかどうかが見えてくるのです。

【次に自主的に「お手伝いをする」ことが増える！】

次に、「弱化の原理」は以下のとおりです。

弱化の原理
行動をした後に、何か悪いことが起こると、人はそのときの行動を繰り返さないようになる

【例】家で、子どもが「お手伝い」をしたら、お母さんから「余計なことしないで」と、嫌そうな顔で言われました。その子どもは、もう「お手伝い」をすることはありませんでした。

先ほどの「強化の原理」の逆が「弱化の原理」です。

「お手伝い」（望ましい行動）をした後に、「余計なことしないで＆嫌そうな顔」（何か悪いことが起きる）とフィードバックがあると、自分から「お手伝い」はしなくなります（行動を繰り返さない）。

「お手伝いという行動が、弱化された」という言い方をします。これが、「弱化の原理」です。

図を見るとわかりやすいのですが、「先行条件」と「行動」は、先ほどの強化の例とまったく同じで、違うのは「結果」だけです。
　この「結果」が違うことで、それからの自主的な行動は変わってくるのです。

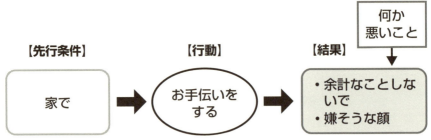

【次に自分から「お手伝いをする」ことはしなくなる…】

 確認のためのワーク

　読者のみなさんにちょっと考えてもらいたいので、簡単なワークをしましょう。先ほどのお手伝いの例ではなく、職場の例で考えてみます。
　若手社員のAくんが、職場をもっとよくしようと提案をしてみました。彼なりに頑張って、上司に提案したのです。
　ところが、上司からは「そんなの無理に決まっているだろう」と言われてしまいました。

Aくんの提案の例

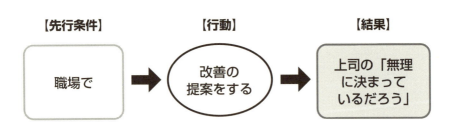

さて、問題①です。
Aくんの「改善の提案をする」という行動は、「強化」されるでしょうか、「弱化」されるでしょうか？

解答は、「弱化」ですね。
Aくんは、頑張って行動しましたが、悪いことが出現したため、もう改善の提案は自分から出してこなくなりそうです。

では、問題②です。
上記の問題①から、結果がどのように変われば、Aくんの「改善の提案をする」という行動は強化されそうでしょうか。
強化とは、自主的に繰り返すようになることですね。

解答は、たとえば、次のとおりです。

- 上司にほめられる
- 上司が笑顔になる
- 「提案ありがとう！」と声を掛けられる
- 提案が採用される

このような感じの答えが出ましたでしょうか。
図の結果に「何かよいこと」が出現すると、行動は強化されるのです。

 ### 先行条件を変えていく

結果が変わると、自主的な行動が増えるか減るかが変わるのは、比較的わかりやすいですね。
ただし、図の左側の「先行条件」次第でも、行動が起きるかどうかは大きく影響を受けるのです。

【例】初めて来た駅で、どこのホームに行けば、目的の電車に乗れるのかがわからない。迷って立ち往生してしまった。

このような経験は誰にもあるのではないでしょうか。
こうなると、行動は引き起こされず、また行動しないので、よい結果も出現しなくなってしまいます。

図で分析してみましょう。

駅のホームの例

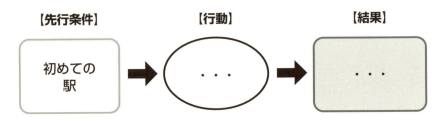

さあ、またちょっと考えてみてください。
この人が、目的のホームに行くためには、どのような「先行条件」があれば、行動ができ、よい結果が出現するでしょうか。

解答は、「案内板がある」「駅員さんが教えてくれる」などです。もちろん、他の答えでも、似たようなものであれば正解です。

大事なのは、何もない状態だと動けませんが、ヒントとなる「きっかけ」があると、迷わず行動が引き起こされるのです。
先行条件が変わると、分析の図は次のように変わってきます（次ページへ）。

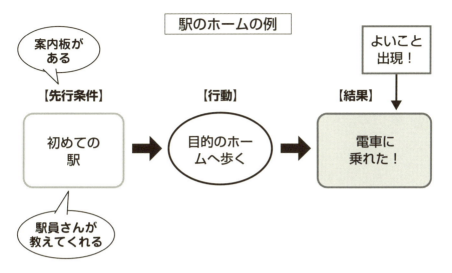

　先行条件に、このような「案内板」や「駅員さんの案内」があることで、適切な行動がちゃんと引き出されるようになります。

　この手助けとなる、先行条件に加わるヒントのことを、ＡＢＡ（応用行動分析学）での用語で「**プロンプト**」といいます。
　この「プロンプト」は、望ましい行動、適切な行動をするためには、非常に重要な「先行条件」なのです。
　人材育成や動機づけが得意な、優秀な上司は、例外なくこの「プロンプト」の使い方がうまいのです。
　そこで、この「プロンプト」について、次項以降で詳しく解説しましょう。

5-4
「プロンプト」という行動のヒント

最初の段階では適切な行動はできない

　人は、たくさんの手助けになるヒントをもらって行動しています。
- 「説明書」を見ることで、正しく家具が組み立てられる
- 「青信号」になることで、安全に道路が渡れる
- 「せーの！」と声がかかり、大縄跳びが飛べる
- 「コーヒーLサイズ」というシールがあるので、コンビニのコーヒーボタンが押せる
- 「先輩がやってみてくれる」ので、同じような接客ができる

　上記の左側にあるのが「プロンプト」で、右側が「適切な行動」です。このヒントがあるおかげで、ちゃんと行動でき、行動したからうまくできるという成功体験が生まれるのです。

【先行条件：プロンプトあり】	【行動】	【結果】
●組立説明書 ●青信号 ●「せーの！」 ●Lサイズシール ●先輩の模範	●組み立てる ●道路を渡る ●大縄を飛ぶ ●ボタンを押す ●接客する	●よい出来！ ●事故なく渡れた！ ●飛べた！ ●コーヒー抽出！ ●お客様の笑顔！

　プロンプトの特徴は、最初はこれがあるおかげで、適切な行動ができるようになりますが、慣れてくると、これがなくても大丈夫になるということです。

会社ルールブックは「プロンプト」だ

 なぜ会社ルールブックは行動を引き出すか

前項でプロンプトの例をあげましたが、慣れた駅なら案内板がなくても目的のホームに行けますし、何度も組み立てていれば説明書がなくても完成できます。むしろ、プロンプトがないほうが、早くできたりもします。

そのため、組織における上司やベテランの人にとっては、プロンプトがなくても適切な行動ができるため、提示されないことが多くなります。しかし、そのために、まだ慣れていない若手社員などは、適切な行動ができる機会が生まれにくく、あまり成功体験ができない職場になってしまうという弊害が起きているのです。

なぜ、会社ルールブックが行動を引き出すかというと、この「プロンプト」の役割となるからです。

ルールブックには、明確に文章として「このようにしよう」と書いてあるので、迷わずに適切な行動ができるようになるわけです。

そして、引き出された行動は、ちゃんと決めたルールにもとづいたものであったり、会社からのメッセージとして明文化されたものです。会社がやってほしいという望ましい行動であるので、本人にとっては、適切な行動ができたという、成功体験につながります。

さらには、上司や会社が、そのような行動をしっかり承認したり、ほめたりすることで、より一層、成功体験は高まります。

会社ルールブックを見て行動をしたら、よい結果が出現するのです。フィードバックが起きる職場になるのですね。まさしく、「強化の原理」です。

そして、適切な望ましい行動を、自主的に繰り返すようになっていくのです。

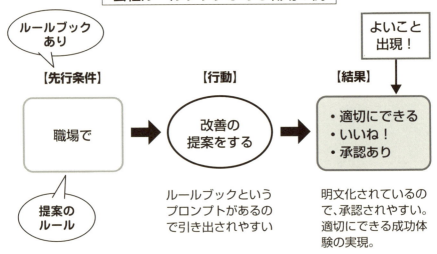

　会社ルールブックは「プロンプト」であるので、みんなができるようになれば、なくても大丈夫になってきます。そこまでいけば、よりよい職場風土ができあがっていることでしょう。

　ただし、まだ適切な望ましい行動ができていない段階では、このようなプロンプトがあったほうが、ちゃんと行動できるようになるのです。しかし、陥りがちなのが、「自分からやらないと意味がない」として、このようなルールブック（マニュアルなども同様）を否定してしまうことです。

　何事にも段階というものがあります。まだちゃんと組み立てられないのに説明書なしでつくらされたり、まだ慣れていない駅で案内板なしで進めといわれても、うまくはいきません。

　そしてうまくできないと、やる気がないから、意識が低いから、と目に見えないもののせいにされてしまいます。そうなると、個人のパフォーマンスも落ち、個人が攻撃される職場や組織になってしまうのではないでしょうか。

　なお、この章の行動科学については、拙著『自律型社員を育てる「ABAマネジメント」』（アニモ出版刊）で詳しく解説しています。

170

パフォーマンス・フィードバックの効用

✔パフォーマンス・フィードバックとは

　ＡＢＡ（応用行動分析学）の概念の一つに「**パフォーマンス・フィードバック**」というものがあります。私が個人的に、これからこの研究や実証をどんどんやっていきたい、と力を入れているものです。

　アメリカの論文などでは「Ｐ・Ｆ」として表記されるので、そのまま「パフォーマンス・フィードバック」といいますが、ふだん、私たちが使っている「パフォーマンス」や「フィードバック」とは、少し意味が違っています。

　たとえば、本来「パフォーマンス」には、成果という要素も少し加わっています。また、「フィードバック」には、評価や改善などの要素を伝えることも含まれます。

　しかし、ここでいう「パフォーマンス・フィードバック」は、実は、「成果」や「評価・改善」などの要素はできるだけ排除するというやり方のことです。

　一言でいうと、「行動事実の振り返り」です。ただ単に、行動だけを振り返り、そこによい・悪いなどの評価は一切排除したものが、「Ｐ・Ｆ」（パフォーマンス・フィードバック）なのです。

　対象者がどれだけ行動したか（パフォーマンス）の情報を、対象者自身にフィードバックする。主観的評価は含まず、あくまでも行動（パフォーマンス）の事実のみを与える――実は、これだけで大きく行動が改善する、という実験結果があるのです。

✔評価がないことの可能性

　評価は一切しない。事実だけを振り返る。それで行動が改善する。少し前に流行った、「レコーディング・ダイエット」も、このパフ

ォーマンス・フィードバックの一つです。

　コストがかからず、他人の評価や検証のスキルも必要なく、何かしらの伝達手段があれば、とてもやりやすい手法です。

　そのやり方には、口頭で事実の結果を伝える、映像（ビデオなど）で見せる、記述（記載したものなど）を読む、スマホなどのデバイスで伝える、などいろいろあります。

　まわりからの伝達だけではなく、「自己記録」というやり方もあり、個人的には、とても可能性を感じています。

　よい・悪いなどの評価をする、そしてその評価を他人が伝えるには、相当のスキルが必要になります。また、主観的な要素や抽象的な要素がどうしても出てきます。

　それを排除して、行動が改善できるのであれば、これはかなり使える手法だといえます。

　ただし、自己記録や自己報告のみの振り返りの場合、想定されるのが「虚偽」の報告です。やっていないのに、「やりました」というような報告をすることが、起きてくる可能性がありそうです。

　しかし、これも面白い話なのですが、実験結果では「虚偽」であってもよいのです。報告が嘘であっても、行動自体には改善の方向が見られ、正しいか・嘘なのか、という点にはあまりこだわらなくてもよいのです。

　大事なのは、自分自身で振り返ること、そしてその記録をつけることです。その事実と行動の改善の結果に、相関関係があるということです。

　「P・F」（パフォーマンス・フィードバック）について、もっといろいろと調べて、研究も実践もしていってみようと思っています。

6章

会社ルールブックの
サンプルページ

この章では、会社ルールブックを作成する際に見ていただいている「サンプルページ」を紹介しています。

ルールブックの各ページの項目の中身がどのようなものかを確認するのに、また、中身を修正しながら自社オリジナルのものに変えていく「ひな形」としても、使ってもらえると大変嬉しく思います。

それぞれのサンプルページの下には、簡単な解説も入れています。こちらも参考にしてください。

また、本書の紙面の都合上、1ページに2ページ分を掲載するため、実際の縦横比とは変えている点をご了承ください。

なお、このひな形は、すべてWordデータにて弊社のサイトよりダウンロードできます。さらに出版の特典として、通常のバイブルサイズに加え、A5サイズ版も提供しています（ダウンロードアドレスは213ページ参照）。

【表　紙】

SAMPLE RULEBOOK

株式会社MillReef

【会社に関すること】

経営理念

【経営理念】
（会社の目的、目標を示した言葉）

私たちの商品とサービスを通して、
クリーンな環境をつくり出し、
お客様とそのまわりの人々の笑顔を
増やしていく経営を行なっていきます。

【ミッション】
（会社が持つ使命）

これからの子どもたちのために、
暮らしやすい、生きやすい、
環境を整備していくことは、
私たちだからこそできる使命です。
その子どもたちとは、
私たちのお客さまの家族でもあり、
従業員の家族でもあるのです。

行動指針

株式会社○○○○の行動指針は、この５つのアルファベットです。

```
「MARKS」
M………「モラル」
A………「アクション」
R………「礼儀」
K………「気配り」
S………「スピード」
```

業務を行なう際に、常にこの５つの言葉を頭に入れて行動しましょう。

株式会社○○○○の社員は、この５つの言葉にもとづいて考え、判断をします。
社員全員の行動がこの５つの言葉を守ることにより、共通の意思が生まれてきます。
社員全員の強い武器になります。

＜経営理念＞

最初のページには、経営理念などの会社に関する情報を掲載しましょう。

＜行動指針＞

理念、ミッション、行動指針などは、会社によって異なると思いますが、自社に適したものを掲載してください。

【会社に関すること】

社　是

社是とは、
社（会社）が是（正しい）と
定めたことです。

株式会社〇〇〇〇は、
次の7つを、会社および社員にとって
正しいこととしていきます。

一、利己ではなく、利他で判断する
一、「お役立ち」が一番の仕事である
一、いまよりも少し先の仕事をする
一、健康な体が、知恵を生み出す
一、全員が夢を持とう
一、まじめな人が報われる
一、努力は裏切らない

クレド

私たちは、
一つの絆で結ばれ、
同じ夢を持つ大切な仲間です。
助け合い、高め合う気持ちを忘れず、
信頼関係を深め、
感動を分かち合うことが喜びです。

私たちは、
すべてのお客様が笑顔になれるよう、
全力を尽くします。
お客様には、
おもてなしの心で接することを誓い、
「目配り・気配り・心配り」の
精神で行動します。

私たちは、
株式会社〇〇〇〇としての誇りを胸に、
一流をめざします。
何事にも挑戦し、常に向上心を持って、
真摯な態度で仕事に取り組みます。

＜社　是＞

「社是」を入れたパターンです。

＜クレド＞

「クレド」とは、どちらかというと、働く側の目線からの理念や行動指針にあたるもので、判断基準となります。

【会社に関すること】

会社概要

株式会社○○○○　会社概要

商　号	株式会社○○○○ ○○○○ Co., Ltd.
代　表	代表取締役　◇◇◇◇
設　立	1987年10月
事業内容	生活用品の卸売業
本　社	東京都渋谷区○○○-○○○○ TEL：△△-△△△△-△△△△ FAX：△△-△△△△-□□□□
立川支店	東京都立川市○○○-○○○○ TEL：△△-△△△△-△△△△ FAX：△△-△△△△-□□□□
福生支店	東京都福生市○○○○-○○○ TEL：△△△-△△△△-△△△△ FAX：△△△-△△△△-□□□□
取引銀行	○○銀行
従業員数	社員20名　パート10名

会社沿革

株式会社○○○○　会社沿革

1987年	わかば商店として東京都渋谷区に設立
1990年	商号を株式会社○○○○に変更 立川支店をオープン
1993年	福生支店オープン
2000年	人事コンサルティングの事業
2006年	本社を渋谷区△△に移転
2006年	プライバシーマーク認証取得
2010年	環境事業「□□□」をスタート
2020年	大阪支店をオープン予定

＜会社概要＞

実は、意外と会社のことを知らない社員がいたりするものです。社員がいつでも確認できるように掲載しておきましょう。

＜会社沿革＞

「会社概要」と同様に、「会社沿革」もぜひ、盛り込みましょう。社員が外部の人に説明する際に役立ちます。

【会社に関すること】

社長からのメッセージ

●私は必ず理念にもとづいた行動と指導を行ないます。

「道徳を忘れた経済は罪悪であり、経済を忘れた道徳は寝言である。」

これは、私が教訓としている言葉です。
会社が会社であり続けるためには、利益の追求だけでも駄目ですし、理念にもとづく貢献だけを追求しても駄目だと思っています。
私は、この両方を常に考え、この株式会社○○○○を、長く長く続くことを第一に考える会社としていくことを約束いたします。

また、この言葉は経営だけではなく、人生においても同じことだと皆さんに伝えたく思っています。
働くこと、生活すること、社会と共存すること、すべて経済と道徳のどちらも必要で、一方に偏っては健全な人生を送ることはできません。
この会社とともに、長く長く続く人生をつくっていってほしいと思っています。

　　　　株式会社○○○○ 代表取締役 ◇◇◇◇

組織図

```
        取締役会
           |
        代表取締役
    ┌──────┼──────┐
  管理部   営業部   企画室
    │   ┌──┼──┐
    │  渋谷 立川 福生
  ┌─┴─┐
 人事  財務
 総務  経理
```

＜社長からのメッセージ＞

「社長からのメッセージ」は、ぜひ入れましょう（この機会につくってください）。社員に向けての言葉は、約束したことになります。

＜組織図＞

「組織図」は、変更する頻度が高いので、毎年のリニューアルや差し替えを前提に入れておくとよいでしょう。

【会社に関すること】

会社ロゴ

SAMPLE COMPANY

設立当初に使われていた「わかば」のイメージを用いて、今後の事業の中核になる環境事業のシンボルとなる地球をイラスト化しています。

事業同様に、社員も地球環境を支える使命をもち、わかばのようにいきいきと強く成長してほしい、という願いを込めています。

事業計画

● 2019年～2023年までの5年計画です。

(単位：千円)

全社	2019	2020	2021	2022	2023
売上	200,000	220,000	250,000	280,000	320,000
成長率	105.5%	110.0%	113.6%	112.0%	114.2%
人件費	100,000	110,000	125,000	140,000	160,000
経費	60,000	66,000	75,000	84,000	96,000
利益	40,000	44,000	50,000	56,000	64,000
利益率	20.0%	20.0%	20.0%	20.0%	20.0%

2019	働き方改革の実施 WEB新サービスの開始
2020	人事評価制度の導入 会員制サービスのスタート
2021	アウトソーシング活用 AIロボット導入
2022	新支店開設 新卒採用2名
2023	海外サービス開始

＜会社ロゴ＞

「会社ロゴ」に想いやメッセージを込めている会社も多いと思いますので、その想いを伝えるようにしましょう。

＜事業計画＞

事業計画を入れるケースも多くあります。このサンプルは一部ですが、数ページにわたって詳細に事業計画を発表し、全社員で共有化することを図ります。

【会社に関すること】

年間目標

● 2019年の目標です。

(単位：千円)

全社売上		
200,000		
A支店	B支店	C支店
90,000	50,000	60,000

全社利益		
40,000		
A支店	B支店	C支店
18,000	10,000	12,000

4月	5月	6月	7月	8月	9月
***	***	***	***	***	***
10月	11月	12月	1月	2月	3月
***	***	***	***	***	***

本社目標
働き方改革に向けて制度の導入実施。各種規程類の改訂。生産性等数字の分析。WEBオンライン型講義のスタート。企業数10社、受講者300人。

社内イベント

● 当社で実施しているイベントを、年間でまとめています。イベントの目的は「一体感」のためです。
お互いにコミュニケーションを図り、お互いに助け合う組織にするための取り組みです。
(詳細は年間カレンダーにも記載しています)

4月	社員総会＆懇親会
5月	GW読書大会
6月	部署交換週間
7月	夏のボウリング大会
8月	バーベキュー大会
9月	(お休み)
10月	社員総会＆懇親会
11月	ファミリーデイ
12月	プレゼント交換
1月	初詣
2月	社員旅行
3月	春のボウリング大会

＜年間目標＞

年間目標のページは、差し替えできる「リフィル版」で作成して、毎年差し替えます（冊子の場合は毎年全部を作成）。
いつでもどこでも、目標を確認、共有できることが目的です。

＜社内イベント＞

会社で取り組んでいること、力を入れていることなどを記載しましょう。
社外からでも、会社の雰囲気がつかめるようになります。

【会社に関すること】

「働き方改革」の方針

●株式会社○○○○の「働き方改革」とは
何のために「働き方改革」をするのでしょうか。
一番大事なのは、その「目的」です。

当社はその目的を「社員の幸せのため」とします。

理想論を掲げているのではなく、本当にそれにつなげていかないと、改革をする意味はないと考えています。
休暇が増える、残業時間が減る、多様な働き方ができるようになる。その結果、家族との時間やプライベートが充実することは、社員の幸せにつながると思っています。
しかし一方で、1人にかかる負担が増え、生産性が下がっていき、収入も減り、将来性が乏しくなってしまっては、社員の幸せにはつながりません。
会社と社員が一体になって、「幸せ」になるためには、どんな工夫をして、どんな「働き方」をしていくのか。
「よいところ」しか見ないのではなく、「悪いところ」だけを見るのでもなく、常に「最適」をめざして、目的に向かって、みんなで取り組んでいきたいと思っています。

災害対応

●対策本部を設置
第一に、人命の保護を最優先します。
第二に、資産を保護し、業務の早期復旧を図ります。
第三に、余力がある場合は周辺地域に協力します。

地震などの大災害時は、「本社」に対策本部を設置します。設置基準は「震度5強以上の地震その他大災害発生時」。
メンバーは、社長、専務、部長、総務部全員。自転車で本社に来られる人も指名します。

●緊急連絡手段について
災害時には、固定電話・携帯電話、携帯メールは機能しなくなります。
Facebookにて、「○○会社災害対策本部」というグループが設置されていますので、そこから情報を取得してください。また、安否確認をこのグループ上で行なうので、「氏名」「居場所」「無事かどうかの状況」を書き込んでください。

●災害伝言ダイヤル
災害伝言ダイヤルは「171」番です。音声ガイダンスに従って録音・再生を行ないましょう。

＜「働き方改革」の方針＞

方針や考え方を、社員に伝えるツールとして活用しましょう。
明文化して記載することは、「約束」することになります。

＜災害対応＞

「災害対応」は、最近、非常に重要視されている事項です。
毎日持ち歩くルールブックだからこそ、掲載しておくことをお勧めします。

【会社に関すること】

災害ダイヤル171

●音声ガイダンスに従って録音・再生します。

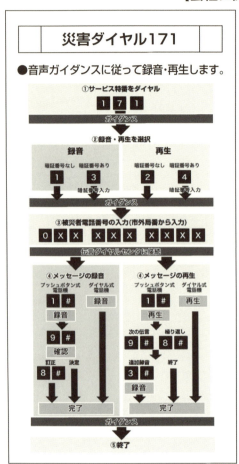

評価する社員とは

●次のような社員を積極的に評価します。

- ポジティブな考え方のできる人
- まわりへの協力ができる人
- 何事にもスピードがある人
- 自分の夢を持っている人
- 礼儀正しい人
- 笑顔が多い人
- 他人への気配りができる人
- 挨拶がきちんとできる人
- ユニークな提案のできる人
- 勤怠をしっかり守れる人

●次のような社員にはならないでください。

- マイナス思考の人
- 成績をまわりのせいにする人
- 時間を守れない人
- 権利ばかり主張し義務を果たせない人
- 人の悪口ばかり言う人
- 自分の仕事しかしない人
- 身なりに清潔感のない人
- 嘘をつく人

＜災害ダイヤル171＞

「災害ダイヤル171」の使い方です。覚えることは難しいので、いざというときに開いて使えるように記載しておきます。

＜評価する社員とは＞

会社からのメッセージの項目です。「期待される人材像」を明文化しておきましょう。

【会社に関すること】

評価制度の概要

●人事評価制度の目的
人事評価制度の目的は大きく以下の３つです。

自己成長のサポート	成果の達成	動機づけ

そして、上記を実現していくことにより会社の継続的な成長を促すことができるようになります。

評価項目は会社からの、
「このような人になってほしい」
「このようなスキルを身につけてほしい」
「このような成果を出してほしい」
というメッセージです。このメッセージに向かって成長していく人の評価は高くなります。

人事評価が何を求めているのかをしっかり理解して、日々の仕事のなかで、成果の進捗具合・自己の成長度合いに関するコミュニケーションを上司・部下間で取っていきましょう。

人事評価にもとづいてしっかり取り組む人、そうでない人は中長期的に大きく差がついてきます。
（○○ページに評価項目リストがあります）

テレワークに関して

●テレワークを積極的に推進していくにあたって、下記ガイドラインを設定しています。

対象者	業務の性格上、在宅勤務が可能な業務に従事するもの（形態は不問）
申請方法	２か月前までに申請書を提出
勤務場所	自宅のみ 執務空間の環境と写真の申告が必要 原則、家族の立ち入りのないように
勤務時間	所定労働時間の勤務 勤務開始、終了時に上司に電話にて報告。残業は申請による
業務管理	翌週の予定を週末までに申請、承認をもらうこと 報告は１週間分を翌週最初の営業日に提出すること 業務中は必ず連絡がとれるように
機器貸与	携帯電話・ノートＰＣは貸与とする 情報保護の誓約書を交わすこと
費用負担	光熱費・通信費は本人負担とする
その他	事故発生時は、写真を撮影して申告すること その他、事案が発生した場合はそのつど、相談してから判断すること

＜評価制度の概要＞

これも会社からのメッセージです。評価制度の目的がいつでも確認できるようにしておきましょう。

＜テレワークに関して＞

働き方改革で、「テレワーク」を取り入れる会社も増えるでしょう。導入する場合は、ガイドラインを明確にして、社員に伝えます。

【仕事に関すること】

あいさつ

●あいさつはコミュニケーションの最重要ポイントです。

①会釈　②敬礼　③最敬礼
の3つがしっかりできるようになりましょう。

種類	上半身の角度	どんなとき？
会釈	15度	お客様とのすれ違い時
敬礼	3mぐらい先の床を見る	お客様からの呼び出し対応時のあいさつ
最敬礼	45度	お出迎え、お見送り、お礼、お詫びの際のおじぎ

言葉づかい

●印象のよい言葉づかいを身につけましょう。

返事	はい
自分のこと	わたくし、わたし
自店のこと	当店、わたくしども
相手のこと	お客様
謝罪するとき	大変申し訳ございません
頼まれたとき	かしこまりました
待たせるとき	少々お待ちくださいませ
時間がかかったとき	大変お待たせいたしました
人を指すとき	あの方
了承をもらうとき	～してよろしいでしょうか
頼むとき	恐れ入りますが○○していただけますでしょうか
否定するとき	あいにくですが、○○いたしかねます
ものを見るとき	拝見いたします
相手のほうへ行くとき	お伺いいたします

＜あいさつ＞

ここからは、ふだんの仕事で守っていくこと、取り組んでいくことのページです。
基本的なマナーが当たり前にできるような職場風土にしていきましょう。

＜言葉づかい＞

「言葉づかい」は、意外とベテラン社員でもできていないものです。明文化することで、お互いに気をつけるようになります。

【仕事に関すること】

サービス8大用語

① 「いらっしゃいませ」
⇒お客様が見えたら使う言葉です。
② 「かしこまりました」
⇒承知したときは、「わかりました」ではなく「かしこまりました」を使うようにしましょう。
③ 「少々お待ちくださいませ」
⇒お客様の目の前から引き下がるときは、「少々お待ちくださいませ」と伝えます。
④ 「お待たせいたしました」
⇒電話、一般応対の場合にも使います。ほんの少し待たせた場合でも伝えましょう。
⑤ 「申し訳ございません」
⇒相手の要求や期待にそえない場合に使います。
⑥ 「恐れ入りますが」
⇒何か頼むときや手数をかけるときに使います。
⑦ 「ありがとうございます」
⇒いろいろな場面に広く使います。当たり前の言葉ですが、とても大事な言葉です。
⑧ 「失礼いたします」
⇒相手の妨げに少しでもなる場合は、必ずこの言葉を使って伝えましょう。

一つひとつを見ると、当たり前の言葉ですが、これらを十分に使いこなしている人は案外に少ないもの。これらを日常の仕事のなかで十分に活用し、スマートで感じのよい対応を心がけるようにしましょう。

朝 礼

●朝礼は1日のスタート。最初に顔を合わすこの時間を、みんなで有意義なものにしていきましょう。

1．元気にあいさつ
「おはようございます！」
全員で気持ちよくあいさつをしましょう。お互いの身なりのチェック、元気度を確認します。

2．気づきの共有
相手に簡単に物事を伝える訓練をします。2〜3分程度にまとめて、気づいたこと・新しい発見などを当番制で発表し、みんなで共有します。

3．業務連絡の情報共有
立場はフラット、上下の関係は抜きにして、クレームの共有や、注意を促したいこと、知っておいてほしいことをここで伝えましょう。

4．マネージャーより
マネージャーより、会社としての今後の方針、メンバーへの想いを伝えます。

5．理念の唱和
企業理念、社訓、クレドなど、当社で働くにあたって重要なことを唱和します。

＜サービス8大用語＞

これも基本的なマナーの項目です。サービス業ではなくても、大事な言葉づかいではないでしょうか。

＜朝 礼＞

「朝礼」を実施しているのであれば、会社ルールブックに効率のよいこと、取り組みたいことなどを記載して活用しましょう。

【仕事に関すること】

終　礼

●終礼を区切りにして１日を締めましょう。
終礼は、仕事に一つの区切りをつくることを目的として行ないます。
片づけ・明日の準備などを、スタートさせる合図としましょう。

この時間から明日もしくは週明けの朝礼までの間に伝えたいこと、知っておいてほしいことなどを共有する場とします。

１．業務連絡の情報共有
朝礼のときと同様、立場はフラット、上下の関係は抜きにして、クレームの共有や、注意を促したいこと、知っておいてほしいことをここで伝えましょう。
特に、朝礼の後で発生したこと、明日では遅い連絡事項などを伝えましょう。

２．元気にあいさつ
「ありがとうございました！」
と明るく大きな声であいさつして、終礼を終わります。

仕事の８大意識

●顧客意識
お客様を満足させることが私たちの役割です。お客様は誰なのかをよく考えましょう。

●改善意識
改善なくして会社の発展はありません。職場の問題点を見つけ出し、原因を考えて解決していきましょう。

●品質意識
お客様の望む商品やサービスを提供しましょう。何を期待しているのかを考え、それを上回る品質を提供しましょう。

●目標意識
何を、いつまでに、どれだけ、どのように行なえば、目標を達成できるのかを常に考え、確認していきましょう。

●コスト意識
経費のかからない仕事はありません。身近なところから節約しましょう。節減した経費はすべて利益です。

●時間意識
人の一生は約３万日。休日を除いた仕事に使える時間は約１万日です。有効に使うことを心がけましょう。

●協調意識
仕事は１人ではできません。上司、部下、先輩、後輩、同僚、取引先など、役割を分担しあい、チームワークで仕事を進めていることを意識しましょう。

●プロ意識
責任をもって役割を果たし、結果を出し、評価されることを「プロ」といいます。仕事の質と結果の向上をめざして、自発的に取り組んでいきましょう。

＜終　礼＞

「終礼」も朝礼と同様ですが、朝礼とは異なり、そのまま残業する人もいる場合があるので、その点を配慮した記載にします。

＜仕事の８大意識＞

「意識」の項目ではありますが、これを大事にする会社も多いと思います。参考資料として掲載します。

【仕事に関すること】

報・連・相

● 報告・連絡・相談は業務の基本
「報告（ホウ）」「連絡（レン）」「相談（ソウ）」は、必要な情報を共有して、仕事を効率よく確実に進めるためにとても重要です。
「ホウ・レン・ソウ」を密にしていれば、トラブルが発生した場合でも上司が判断しやすく、スムーズに問題を解決できます。

● 「報告」のクセを定着させる
「あの件はどうなっている？」などと聞かれる前に、自分から進んで報告できるようにしてください。仕事が完了してからの報告だけでなく、「途中報告」も大切です。

● 「連絡」は細かいことでも行なう
細かいことでも自己判断せず、小まめに連絡しましょう。自分では気がつかない対応が見つかることもあります。

● 「相談」は悩み・心配する前に行なう
疑問や不安があれば、すぐに相談します。問題が起こりそうになってからではなく、早い段階で相談することで、問題を回避できる場合があります。

PDCAサイクル

● PDCAサイクル（マネジメントサイクル）を回す
仕事は「計画（Plan）」→「実行（Do）」→「確認（Check）」→「処置（Act）」の4つの段階を踏むことが大切です。

・計画（P）……これから取り組もうとする仕事全体を見渡し、どのような順序、方法でやれば効率的かどうかを考える。「段取り」のこと。
・実行（D）……まず与えられた仕事が確実にこなせることが第一だが、「考えながら実行」する必要がある。
・確認（C）……仕事が一区切りついたら、必ず結果を確認しよう。チェックすることで仕事の成果がわかる。
・処置（A）……計画と結果の差異を評価して、次の計画のための処置（反省や対策）をする。

このPDCAのサイクルを、「マネジメントサイクル」と呼びます。どのような仕事に対しても、マネジメントサイクルを踏まえた取組みを心がけましょう。
また、一連の仕事がわかってくると、次のステップに進むときに一段高いレベルでの仕事がこなせるようになります。

＜報・連・相＞

「報連相」に関しては、133ページでも取り上げましたが、部下が身につける点と、職場風土をよくする点の両方が大事です。

＜PDCAサイクル＞

PDCAサイクルは、仕事の質をよくするとともに、自己成長につながる基本の考え方です。どんな仕事にもPDCAサイクルを取り入れて進められるようにしましょう。

【仕事に関すること】

5W2Hでの行動規範

●皆で次のことを心がけましょう
- 元気なあいさつ、すぐの返事
- 自分の想い、気持ちは隠さず伝えよう
- 相手の想い、気持ちをくみ取ろう
- 自分の役割を知り、意思を持って行動しよう
- 自らの行動が「理念」に沿っているのか、常に照らし合わせよう
- 仕事にかかわる行動の規範は「5W2H」

「When」いつ？	日時を明確に	【納期・期限】
「Who」誰が、誰に？	誰が、誰に会うのか？	【担当者は？】
「Where」どこで？	場所、どうやって行くのか？	【仕事の場所】
「What」なにを？	何の目的で何を伝えたいか？	【仕事の内容】
「Why」なぜ、どうして？	どんな理由か、なぜそうなのか。	【意義、目的】
「How」どのように	どんな方法で行なわれるのか？	【手段・やり方】
「How much」(How many)	金額(数量)はどのくらいか？	【コスト・程度】

会議のルール

●会議は短く、目的重視で！
　会議は共有、意思決定、意見出しなど、非常に重要な業務ですが、長くなってしまう傾向があります。要点に集中して短く簡潔に進行するように、参加者全員で協力します。

【事前準備】
- 会議の目的を確認
- 事前資料を確認
- 開始時間、終了時間を確認
- 場所を確認
- 開始前にかならず集合

【開始時】
- 終了時間を再確認（最長2時間）
- 会議の目的を再確認
  （報告・連絡、意見出し、決定）
- 何が完了したら終了かを確認

【会議中】
- 建設的な意見を言いましょう
- 脇道にそれないように
- 他者の発言には「うなずき」を
- 目的を見失わないように

<5W2Hでの行動規範>

基本的な仕事のスキルですが、おろそかになってしまっているのではないでしょうか。
生産性の向上には必要な、全員が身につけるべきスキルです。

<会議のルール>

本文でも触れている会議のルールです。
労働時間の削減には、会議時間は非常に大きな改善点です。

【仕事に関すること】

チームワークのルール

●みんなでチームとして守っていきましょう。

1. 人は回りを支え、支えられながら生きていることを意識しよう。
2. 社内での「ありがとう」を忘れないように。
3. 職場の仲間同士でも気持ちのよい挨拶・返事を徹底しよう。
4. 報告・連絡・相談は「5W2H」を意識して行なおう。
5. 外出中のスケジュール変更は必ず連絡を。
6. 与えられた仕事の期日は必ず確認し合おう。
7. 部下は、上司の指示を必ずメモして期日確認しよう。
8. ネガティブな会話はしないように努力する。嫌な気持ちをまわりに振りまかない。
9. 新人には特に気を配ろう（何をしていいのか何もわからないため）。
10. 経営理念・行動指針・ビジョン・ルールブックを常に心がけておこう。
11. 外出時にはホワイトボードに、行き先・帰社時間を記入。また、遅れる場合は会社に必ず報告しよう。

アクションのルール

●1人ひとりが、主体的に行動していきましょう。

1. 笑顔で気持ちのいい挨拶をする。
2. 関わりのあるすべての人、すべてのモノに感謝の気持ちを表わそう。
3. 「ありがとう」を言葉に出して伝えよう。
4. 地球環境のためにポイ捨ては決してしない。
5. 無駄を減らし、節約をしよう。
6. 地域清掃を進んで行なおう。
7. 積極的にコミュニケーションを図ろう。
8. 時間・約束事は必ず守る。
9. 困っている仲間がいたら、一緒に悩み、一緒に考えて、一緒に解決しよう。
10. お客様の立場になり、何を望まれているのかを先読みして行動しよう。
11. 「できません」の前に「やってみます」。
12. 常に成功をイメージし、積極的にチャレンジしよう。
13. 一流の心がまえとして、言葉づかいに気をつけ、身だしなみを整えよう。
14. いつも学ぶ気持ちを忘れず、成長するために努力し続けよう。
15. 「自分が変わる！ 自分が動く！」

＜チームワークのルール＞

「チームワーク」のルールなどは、ぜひ社員を交えたワーク形式で作成してみるといいでしょう。

＜アクションのルール＞

「アクション」のルールは、積極的・主体的に行動していこうという、みんなのルールです。ぜひ社員参加でつくっていきましょう。

【仕事に関すること】

名刺交換

●好感の持たれる、名刺交換をしましょう。

【名刺交換　基本の4ステップ】
1. あらかじめ名刺入れを手元に用意します。男性は内ポケット、女性は手元に用意します。
訪問者から相手に近づき、先に名刺を出します。
2. 名刺は片手で持ち、もう片方を添えて、相手に向けて差し出します。
社名・部署名・フルネームを名乗ります。相手の名刺より低い位置で差し出すこと。
3. 同時に出している場合は、右手で差し出し、左手で受け取ります。受け取ったらすぐに右手を添えるようにします。
「頂戴いたします」「よろしくお願いいたします」の一言があると印象がアップします。
4. 受け取った名刺は、名刺入れの上に合わせて持ち、テーブルがある場合は、着席後に名刺入れの上に積み重ねておきます。相手が複数の場合は、座席の順に並べます。

電話応対

●会社の代表としての自覚を持ちましょう。

【ビジネス電話の5つの基本マナー】
1. ハキハキと明るく元気な声で！
大切なのは「第一声」と「挨拶」
2. 3コール以内で受話器を取る
3. 取次ぎは正確に、長い保留もNG
4. 重要な情報のメモと復唱を忘れずに
5. 電話は最後まで丁寧に

【さまざまなケースの応対例】
・名指し人が不在の場合
「席を外しております」…15～30分程度
「外出しております」…終日／戻り時間を伝える
現状を伝えたうえで、折返し電話をするのか、代わりに用件を聞くのかなどの対応をとります。
・途中で電話が切れてしまった場合
掛け手側から掛け直すのが原則です。たとえ先方のミスで切れてしまったとしても「先ほどは途中で切れてしまい、失礼いたしました」とお詫びします。
・相手の声が聞き取れない場合
「恐れ入りますが、お電話が少々遠いようです」と電話のせいにして、再度たずねましょう。
NGワードは「声が小さい」です。

<名刺交換>

社会人のマナーに関するページです。
若いうちは不安になるので、書いてあると直前に見られて、助かります。イラストや写真を入れるのも効果的です。

<電話応対>

若手社員は、ルールブックをデスクに置いて、このページを開いておくと、電話応対がしっかりできるようになります。
正しい行動の「プロンプト」の役割です。

【仕事に関すること】

クレーム対応

●クレーム対応をチャンスにしましょう。
クレームを発しているお客様は感情的になっています。いくら正論を伝えても、余計に感情を逆なでするだけです。まずは、話を聞いて吐き出してもらい、落ち着いてもらうことを第一に考えましょう。
よい対応をすると、不思議なぐらいにファンになってくれるということが起きます。

1. まずは、謝る。気分を害されたこと、そのように思われたことに謝罪をする。
2. その後、事実関係を聞く。どう思ったか、こちらがどのように思うかを答えるのではなく、どんな事実があったかを聞く。
3. その後、上司に報告して対応する旨を伝える。
4. その場ですぐに上司に素早く報告！他の業務は後回しでもよい。
5. 顧客クレームは自分だけで抱えず、オープンにしていこう。まわりが助けてくれる。
6. 担当者に早急に連絡する。

クレーム対応は、誠実に聞く姿勢とスピードが非常に重要です。

自己啓発のルール

●自分に必要な情報を集めましょう。

- 本を読む　・新聞を読む
- ニュースを見る
- ネットを利用する　・人と話す

●自己投資とスキルアップをしていきましょう。

- セミナーを受ける　・勉強する
- 検定試験を受けて、資格を取る

●毎日を楽しみましょう。

- 自分を向上させることを楽しむ
- 人生を楽しめる趣味を持つ
- 興味のあることをやってみる
- ストレスをためないようにする
- ステップアップできる目標をつくる
- 個性を活かす

＜クレーム対応＞

クレームに関する会社の考え方、対応のしかたを浸透させましょう。対応する社員の初期対応がとても大事です。

＜自己啓発のルール＞

自己啓発に関するルールです。ある会社でワーク形式で検討した際に、みんなから、このようなものをつくりたいと提案があったものです。

【仕事に関すること】

職場の改善・向上

●みんなでよい職場をつくっていきましょう。

①まず第一歩
- 「このままでいい」と思わずに、違和感や小さな問題にも目を向けましょう。
- 気づいたことは、遠慮なく周囲のメンバーや上司に伝えましょう。

②次のステップ
- 社内で行なっている「改善活動」で提案するなど、自分だけではできないものも展開し、改善していきましょう。
- 行なわれた改善はそのままにせず、「どのような効果があったのか」を常に意識するようにしましょう。

③意見箱の設置
- 休憩室に意見箱を設置しています。みんながより働きやすい職場になるように、建設的な意見を、ぜひ入れてください。

仲間のマナー

●仲間で仕事をしていくうえでのマナーです。
  みんなで守っていきましょう。

振る舞い	・大人らしい、良識ある言葉づかい、振る舞いを心がける。 ・公私混同しないようにする。 ・離席時には行き先を伝える。
あいさつ	・あいさつは自分から。 ・目を見て返事をする。 ・大きな声で元気よくハッキリと。
言葉づかい	・適切な言葉を使う（敬語など）。 ・名前を呼ぶときは、呼び捨てや愛称は避ける。
心配り	・お礼の言葉をちゃんと伝える。 ・注意するときは相手の気持ち、まわりの環境も考える。
タイミング	・話しかけるタイミングは、状況判断をする。 ・話を聞くときは手を止める。
その他	・迷惑をかけたら謝る。 ・備品は大切にする。 ・ゴミに気づいたら拾う。 ・清潔感のある身だしなみを。 ・風邪を引いたら必ずマスクをする。 ・モラルをもって、共有設備・共有スペースを使う。

＜職場の改善・向上＞

社員みんなで職場をよくしていくためのページです。
定期的なミーティングなどで、このページをいつも見ながら、提案してもらうようにしましょう。

＜仲間のマナー＞

仲間同士で働くときのマナーやエチケットです。お互いに働きやすい職場にしていきましょう。

【職場で守るルール】

入社時の決まりごと

●初出勤までに次の書類を提出してください。(提出済み、非該当の書類を除く)
(就業規則第○条)
- ☐ 誓約書
- ☐ 身元保証書
- ☐ 住民票記載事項の証明書(住民票可)
- ☐ 当年分の前職の源泉徴収票(対象者)
- ☐ 雇用保険被保険者証(加入対象者)
- ☐ 年金手帳(加入対象者)
- ☐ 通勤方法および通勤経路の略図
- ☐ 扶養控除等(異動)申告書
- ☐ 給与口座振込申請書
- ☐ 免許・その他資格証明書
- ☐ 秘密保持に関する誓約書
- ☐ 個人番号(マイナンバー)
- ☐ その他、会社が必要とする書類

※上記の提出があるまでは、正規の従業員とは認められないので、必ず入社日までに用意しましょう。諸事情により提出が遅れる場合は、いつまでに揃えられるのかを必ず会社に連絡をお願いします。

※印鑑、筆記用具を用意してください。
初日は15分前に出社をお願いします。

退職時の決まりごと

●退職に関して
残念な話ですが、やむを得ない諸事情等により、退職の機会に接することがあるかもしれません。退職時にも守るべきルールがありますので、必ず確認しておいてください。

●退職手続きと業務引継ぎ(就業規則第○条)
自己都合で退職する場合は、少なくとも退職日の30日以上前に、所属長に書面にて退職願を提出してください。会社の承認があるまで、従前の業務を行ない、必要な業務の引継ぎをお願いします。

●退職時の返却物(就業規則第○条)
退職時には、下記のものを必ず退職日までに返却してください。やむを得ない理由で返却が退職後になる場合は、その期日を定め、速やかに返却してください。

- ・健康保険証　・社員章
- ・ルールブック等の各規程集
- ・業務上の書類・ファイル・名刺等
- ・退職に関する手続き書類
- ・貸与品、債務等

＜入社時の決まりごと＞

ここからは、就業規則に記載された内容をわかりやすい言葉で、本当に伝えたいところだけをピックアップした内容になります。
「入社時の決まりごと」は、覚える必要はないですが、いざというときに確認できる効果があります。

＜退職時の決まりごと＞

このページは、あまり使いたくはありませんが、大事なことです。退職時の無用なトラブルを避けていきましょう。

【職場で守るルール】

出勤・退勤

● 勤怠は会社生活の基本です。
（就業規則第○条）
業務の都合により、時間外労働が発生することがありますが、だらだら仕事は禁止で、できる限り残業を少なくすることに取り組んでいきましょう。

● 始業・終業の時間に対する注意事項です。（就業規則第○条）
始業時間は業務を開始する時間、終業時間は業務を終了する時間です。会社に来た時間、帰る時間ではありません。業務に合わせて打刻しましょう。

● 出勤簿の注意点です。（就業規則第○条）
タイムカードの打刻は必ず本人が行なってください。他の人に頼んで打刻したものは認められません。

● 時間外労働には許可が必要です。
（就業規則第○条）
上司からの指示や許可のない時間外労働は原則として認められません。必ず上司に確認を取るようにしましょう。

欠勤・遅刻・早退

● 遅刻・早退・欠勤は事前に届け出ましょう。（就業規則第○条）

遅刻・早退・欠勤・私用外出は、必ず前日までに上司に届け出て、承認をもらってください。
そのための届書があります。

あらかじめ前からわかっている遅刻・早退・欠勤・私用外出に関しては、できるだけ早めに届出をお願いします。

また、突発的な病気・ケガで前日までに届出ができなかった場合は、出勤後すぐに届出をしましょう。

公共交通機関の遅延証明書がある場合は、その範囲内で遅刻を取り消す場合がありますので、その旨、届け出てください。

遅刻・早退・欠勤・私用外出は、ノーワークノーペイの原則どおり、給与が出ない時間になります。
ただし、事後申請の有給休暇が認められる場合があるので、希望する場合は申請をお願いします。

＜出勤・退勤＞

出退勤は、職場風土の違いが顕著に現われるものです。きちんとルールを守って、メリハリのある職場にしていきましょう。

＜欠勤・遅刻・早退＞

勤怠も同様に、職場風土によって大きく異なります。
勤怠の乱れは、仕事に出てくるといわれます。しっかり守れるように注意しましょう。

【職場で守るルール】

残業・休日出勤の申請

●残業は申請により可能です。
　必ず事前申請が必要になります。自身で判断して残業を行なう場合は「残業申請書」により、事前申請し、必ず上司の許可をもらうようにしてください。
　休日出勤も同様です。

　事前に申請書を提出できない場合であっても、電話や口頭によって、必ず上司の許可をもらいましょう。許可のない場合は、原則として残業は認められません。

●時間外労働の削減をめざしています。
　会社は、「働き方改革」の実施に伴って、できる限り時間外労働や休日出勤を減らすように取り組んでいます。
　みんなで協力、サポートしあって、できるだけ少ない時間で、できるだけお客様に貢献できるよう頑張っていきましょう。

　会社は、それに取り組んでくれる社員を評価していきます。

休日・休暇

●会社カレンダーを確認してください。
　当社は原則として週休2日制です。
　ただし、業務が忙しい時期には、休日出勤になる場合があります。会社カレンダーをよく確認しておいてください。

●休日にはしっかりリフレッシュしてください。
　休日は、しっかりと休養をとり、気持ちをリフレッシュさせることが目的です。
　睡眠不足や疲労などで休日明けの仕事に支障のないように努めてください。業務に支障が出る場合は、譴責処分の対象になることがあります。
　また、休日中は事故やケガなどないように、努めてください。休日であっても、当社の社員であることには変わりありません。

●当社の休暇制度です。（就業規則第〇条）
　①年次有給休暇
　②本人・家族の誕生日休暇
　③読書休暇
　④リフレッシュ休暇
　⑤慶弔休暇
　⑥夏期休暇・年末年始休暇（計画年休）

＜残業・休日出勤の申請＞

「働き方改革」に合わせて、残業を申請制度にする会社も多いようです。残業する際のガイドラインを明文化して、きちんと伝えていきましょう。

＜休日・休暇＞

休日・休暇も「働き方改革」で重要になってくる項目です。
会社で決めたことを、実際に運用できるように、明文化しておきましょう。

【職場で守るルール】

年次有給休暇

● 年次有給休暇の取得について。
（就業規則第○条）
当社は、前向きに仕事をし、頑張る社員の有給休暇の取得は非常に歓迎しています。仕事にも私生活にも充実した人生を送ってほしいとの考えからです。効果的に活用しましょう。

● 休暇申請は2週間前に提出してください。
年次有給休暇を取得する際は、原則として取得日の2週間前までに所属長に申請してください。
また、会社の業務に支障が出る場合は、会社が取得日を変更することがあります。

● 半日単位の取得も可能です。
半日単位で有給休暇を取得することもできます。半日有給休暇は4時間までは0.5日で数えます。4時間を超えた場合は1日の扱いとします。

● 事後の有給休暇の取得について。
病気・ケガ等の突発的な理由による場合、事後に有給休暇を取得することもできます（申請は必要）。

● 必ず年間5日は取得しましょう。
自身で計画を立てて、必ず年間5日は取得してください。

勤務間インターバル制度

● 勤務間インターバル制度
（就業規則第○条）
1日の勤務終了後、翌日の出社までに、「11時間」のインターバルを取るようにしましょう。
十分な生活時間や睡眠時間を確保して、健康で仕事に励んでもらうことが目的です。上司からの指示や、やむを得ない残業のために、退社が遅くなった場合は、「出社時間変更届」を上司に提出してください。

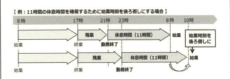
[例：11時間の休息時間を確保するために始業時間を後ろ倒しにする場合]

● 上司は労務管理をしていきましょう。
勤務間のインターバルをしっかり確保するには、上司の労務管理が重要です。部下の勤務時間の把握と、健康の様子などをチェックして、無理のない就業を促していってください。

＜年次有給休暇＞

年次有給休暇は、社員の関心も高いので、取得のしかたなどをしっかり決めて支障のないように運用します。年5日取得は、会社が指定するか、本人申請にするかの方法がありますが、どちらにしても、社員には明文化して伝えましょう。

＜勤務間インターバル制度＞

「勤務間インターバル制度」を導入する場合は、明確なルールをつくっておきましょう。
生産性を落とさないように、また業務に支障のないように運用ルールを決めて、この会社ルールブックで伝えていきましょう。

【職場で守るルール】

休　職

●社員の申出または会社指示の休職制度があります。（就業規則第○条）

勤続1年以上5年未満	1か月
勤続5年以上10年未満	3か月
勤続10年以上	6か月

※病気やケガによる場合は無給となり、健康保険の傷病手当金（標準報酬月額の2/3）の対象となります。

●**復職について**（就業規則第○条）
病気やケガによる休職から復帰する場合は、必ず医師の復職可能の診断書が必要となります。

【配属・配置】
原則として、休職前の職務に復帰となりますが、業務の都合や本人の体調、診断の状況に応じて異なる職務、異なる職場に配置することがあります。

【通勤訓練】
復職前に一定期間、通勤訓練を行なうことがあります。

【リハビリ勤務】
復職後に一定期間、リハビリ勤務を行なうことがあります。この場合は、労働時間や賃金等の労働条件を変更することがあります。

試用期間

●試用期間が3か月間あります。
（就業規則第○条）

当社は試用期間を3か月設定しています。
この試用期間は、新入社員にとっては、当社の経営方針、業務内容、環境、雰囲気、経営方針などを知る期間であり、会社にとっては、採用した社員が当社で働くにふさわしい遂行能力や協調性、前向きさ、その他さまざまな要素を総合的に知る期間です。
お互いの相性を見極める期間でもあります。

当社の「評価する社員」「経営方針」を理解し、前向きに仕事に取り組み、業務に適性があることを知ることができた場合には、この試用期間を短くします。
逆に、適性がなかなか認められない場合は、試用期間を延長する場合もあります。

＜休　職＞

最近は、うつ病などで休職するケースが増えています。会社で「休職規程」を設けている場合は、その内容をわかりやすく記載しておきましょう。

＜試用期間＞

「試用期間」は、これから入社する社員には気になるところです。面談時や入社時に、このページを開きながら説明しましょう。

【職場で守るルール】

給与・賞与

- **給与についての基本方針**
  給与に対しての会社の基本方針は、「経営方針にもとづいて行動し、結果を出す人には、きちんと評価し還元する」というものです。
- **締め日と支給日**
  毎月末締めの翌月15日払いです。
- **給与改定**
  給与改定は毎年4月分（5月支給）で実施します。改定額は、人事評価の結果だけではなく、会社とチームの業績や、評価数字には出てこない頑張りや貢献を会社が検討して、総合的に決定します。ただし、評価結果は非常に大きな要素としています。
- **賞与についての基本方針**
  賞与の額は、会社の業績をもととして、人事評価の結果等を考慮して各人ごとに決定します。また、賞与は将来への期待としての意味も含めて支給するため、支給日当日に在籍する社員のみになります。
- **賞与支給日**
  原則として年に2回、6月と12月を予定しています。下記期間の業績をもとに算出します。
  - 6月………前年10月～当年3月
  - 12月………当年4月～9月

事故や災害

- **会社負担で労災保険に入っています。**
  （就業規則第○条）
  会社は、従業員が安心して働くことができるように、業務上および通勤途上の事故と認められる場合のケガや病気に対して、全額会社負担の労働者災害補償保険（労災保険）に加入しています。万一、事故等でケガをした場合には、必ずすぐに上司に連絡し、指示を受けてください。

- **通勤時の災害にも労災保険は適用されます。**
  通常の経路で通勤している場合に事故にあった場合にも、労災保険が適用されます。この場合にも必ず報告してください。
  ただし、故意や過失のために起こった事故やケガは、適用が認められないケースがあります。
  業務上の災害、通勤上の災害、どちらも起こさないよう、気を引き締めて業務に励んでください。

＜給与・賞与＞

当たり前ですが、「給与・賞与」は、社員の関心の高いものですから、しっかりと伝えておきます。手当の種類や目的を記載してもよいでしょう。
採用応募者への説明の際にも、このページを活用できます。

＜事故や災害＞

「労災保険」は基本的に強制加入ですが、社員はそのことをあまり知らないケースが多いようです。社員を安心させるためにも、会社が保険に加入していることを明記しておきましょう。

【職場で守るルール】

制裁・懲戒

●譴責・減給・諭旨解雇・懲戒解雇
（就業規則第○条）

本来は望ましいことではありませんが、会社のルールを守らない場合は、懲戒処分を行なわなければならない場合があります。
お客様の信用を失墜するような行為、社内秩序を乱すような行為などは、会社だけではなく、お客様や一生懸命働いている他の社員に対しても多大な迷惑と被害をもたらします。
会社で働くということは、仲間、お客様、関連の企業等、たくさんの人々が関わっています。この人たちとの関わりを大切にするためにも、悪影響を与えることに対しては厳しく接していきます。

●譴責 ＜ 減給・出勤停止 ＜ 諭旨解雇 ＜ 懲戒解雇

懲戒には程度があり（上記の右にいくほど重い懲戒処分）、それぞれに該当する行為が就業規則に記載されています。また、記載されているだけではなく、相応する内容の行為の場合も罰則を適用する場合があります。
詳細は就業規則に記載してあるので、必ず読んでおいてください。

表彰

●永年勤続表彰やその他の表彰制度があります。
（就業規則第○条）

5年勤続	10,000円＋旅行券
10年勤続	30,000円＋旅行券
15年勤続	50,000円＋旅行券
20年勤続	70,000円＋旅行券
25年勤続	100,000円＋旅行券

【その他、表彰する場合】
1．業務上有益な創意工夫、改善を行ない、会社の運営に貢献したとき
2．永年にわたって誠実に勤務し、その成績が優秀で他の社員の模範となるとき
3．事故、災害等を未然に防ぎ、または非常事態に際し適切に対応し、被害を最小限にとどめるなど特に功労があったとき
4．社会的な貢献があり、会社および従業員の名誉となったとき
5．その他前各号に準ずる善行または功労のあったとき

＜制裁・懲戒＞

「制裁・懲戒」の項目を会社ルールブックに記載するかどうかは、要検討です。
会社によっては、もちろん記載しない場合もあります。効果と影響を考えて、判断してください。

＜表　彰＞

「制裁・懲戒」と違って「表彰」は、逆に載せない理由がありません。決まっていることは、どんどん知らせていきましょう。

【職場で守るルール】

慶弔関連

●慶弔休暇があります。(就業規則第○条)

本人の結婚	連続5日まで
子の結婚	2日
実兄弟姉妹の結婚	1日
配偶者の出産	2日
実養父母の死亡	喪主5日　非喪主3日
配偶者・子の死亡	喪主5日　非喪主3日
実祖父母・兄弟姉妹の死亡	喪主5日　非喪主2日

●慶弔見舞金を支給します。
（就業規則第○条）

本人の結婚	3万円
子の結婚	1万円
配偶者の出産	3万円
実養父母の死亡	3万円
配偶者・子の死亡	3万円
実祖父母・兄弟姉妹の死亡	1万円

※どちらも申請が必要です。また、1年以上の継続勤務者が対象で、事由発生から取得までは期限があります。

出産・育児

●本人が出産の際の休暇制度
・産前休業…出産予定日の6週間前から（希望により）
・産後休業…出産後8週間まで（希望により6週間に短縮できます）

●健康保険からの給付金
・出産手当金…出産前12か月の平均報酬月額の2/3が休暇期間分、給付されます。
・出産一時金…1児につき42万円（病院での費用負担が減ります）

●育児関係

育児休業	産後休業後、1歳になるまでの休業（延長になる場合あり）
子の看護休暇	小学校未就学児は1年5回まで病気やケガで休暇あり
時間外労働の制限	子が3歳に満たない間は時間外労働は免除、未就学児は1か月24時間までに制限
深夜労働の制限	希望した場合、未就学児は22時～翌5時までの深夜業を免除
短時間勤務	希望した場合、子が3歳までの間は1日6時間まで勤務時間を短縮

・育児休業給付金…子が1歳まで（延長の場合あり）の育児期間中は、雇用保険から平均給与の50～67％が給付されます。

＜慶弔関連＞

慶弔規程のない会社も多いようですが、会社ルールブックの作成を機会に、規定しておくこともよいでしょう。

＜出産・育児＞

出産・育児の際の休暇制度などについて、社員が不安に思っている場合があります。
公的保険からの給付金も含めて、社員に伝えることで、安心感を与えることができます。

【職場で守るルール】

提出物一覧

●社内の届出は以下の表を見て、期日に間に合うように提出しましょう。

届出の種類	誰に？	いつまで？
年次有給休暇届	所属長	取得日の2週間前まで
時間外勤務申請書	所属長	当日中（不可能な場合は翌出勤日にすぐに）
遅刻／早退／欠勤	所属長	前日まで
業務上の事故	所属長	直ちに！
通勤上の事故	所属長	直ちに！
その他事故	所属長	直ちに！
インセンティブ申請	所属長	種類ごとに異なるため、各告知を確認
誕生日休暇	総務部	原則、自動的に休暇（変更希望は2週間前まで）
読書休暇	総務部	取得日の2週間前まで
達成休暇	総務部	取得日の2週間前まで
慶弔休暇	総務部	前日まで。やむを得ない場合はできるだけ早く
慶弔見舞金	総務部	事後2週間以内
住所等変更	総務部	変更後2週間以内
その他	総務部	お問い合わせください

※申請用の用紙はすべて「本社」の「申請書フォルダ」にありますから、印刷して使用してください。

機密情報

●社内の機密情報を漏らしてはいけません。（就業規則第○条）
次にあげる社内の機密情報の漏えいは、重大な懲戒の対象になります。
① 顧客情報、営業情報、技術資料や業務マニュアル
② 財務、人事等に関する情報
③ 他社との業務提携に関する情報
④ 会社により秘密情報として指定された情報

●退職後も同様の義務があります。
機密情報は、退職後であっても、開示・漏えい、無断で使用することはできません。
また、同業他社で、もしくは自身で行なう事業に、会社の機密情報を使用してはいけません。

●損害賠償の対象になります。
上記の内容に違反して、会社に損害を与えた場合は、法的な責任を負い、その損害を賠償することになりますので、十分に注意してください。

＜提出物一覧＞

そのつど調べたり確認したりと、本社と上司の間でやり取りするのは時間も労力ももったいないものです。
ルールをつくって、誰でもすぐわかるようにしておきましょう。

＜機密情報＞

情報漏えいしないようにすることはもちろん、会社としてしっかり伝えておくこともとても重要です。何も知らずに起きたのか、ルールブックに書いて渡したのに起こしたのか、によって会社の対応は大きく変わります。

【職場で守るルール】

競業避止義務

● 健全な営業活動の必要性から、「競業避止義務」を定めています。
（就業規則第○条）
- 役職者および機密情報に関わる社員は、在職中および退職後を通して、書面による会社の承諾なしに業務上知り得た会社の機密事項を利用して競業的行為を行なうことはできません。
- 役職者および機密情報に関わる社員が退職した場合は、離職後半年間は事業所の隣接する都道府県の範囲において、競業する業務を会社の承諾なく行なってはなりません。
また、離職後半年間は、会社在職中に知り得た顧客と取引をしてはなりません。

【不正競争防止法とは？】
いわゆる「機密漏えい」に関して定めてある法律のことで、在籍中・退社後に関わらず適用されます。

SNS等の注意事項

● Facebook、Instagram、Twitter、ブログなど（就業規則第○条）
業務外であっても、個人のブログなどのソーシャルメディアでの発言は、注意して行なってください。
会社に対する損害、風評被害などがあった場合には、多大な賠償の責任を負うことがあります。
以下のガイドラインを守り、いつでもそのリスクを背負っていることを忘れないようにしましょう。
WEBでの発言は消せません。一生残ります。

【ガイドライン】
① 顧客に関すること、職場の人間に対することは、名前を出す・出さないに限らず、発言してはいけません。
② 会社の取引先に関する情報、商品に関する情報などについて発信してはいけません。
③ 会社内にあるもの、顧客、取引先などの写真や動画を掲載してはいけません。
④ 勤務時間内における個人的ソーシャルメディアの利用は一切禁止です。
⑤ 会社に対する誹謗中傷の発言はもとより、誤解を与えるような会社に関する発言も禁止です。

＜競業避止義務＞

「制裁・懲戒」同様、いわば社員をしばる項目です。必要性と影響を考えて、会社ルールブックに記載するかどうかを検討しましょう。必要性が高い業種やケースもあると思います。

＜SNS等の注意事項＞

「機密情報」同様、ＳＮＳに関するトラブルが起きないように明文化することはもちろん、社員に通知しているかどうかも大変に重要です。

これをもとに、コンプライアンス研修などで使ってもよいでしょう。

【職場で守るルール】

セクシュアル・ハラスメント

●セクシュアル・ハラスメントの禁止
（就業規則第○条）
以下にあげた、いわゆる「セクハラ」は、同じ職場で働く仲間の働く意欲を阻害し、職場の秩序を乱します。無意識のうちに該当する行為をする場合もあるので、十分に注意してください。

① 人格を傷つけかねない、あるいは品位をけがすような言葉づかいをしないこと
② 性的な関心の表現を業務とあわせて使わないこと
③ 性的な嗜好のポスターや写真・絵画類等を見ることを強要したり、配布・掲示等をしてはいけないこと
④ 相手が返答を窮するような性的な冗談やからかい等をしないこと
⑤ しつこい誘い、性的な噂、性的な経験談を話したり、聞いたりしないこと
⑥ 性的関係の強要、不必要な身体への接触、強制わいせつ行為を行なってはならないこと
⑦ その他、相手方の望まない性的言動により、円滑な職務の遂行を妨げると判断されることをしないこと

パワー・ハラスメント

●パワー・ハラスメントの禁止
（就業規則第○条）
「パワー・ハラスメント」もセクハラ同様、同じ職場で働く仲間の働く意欲を阻害し、職場の秩序を乱します。本人だけでなく、まわりの他の従業員にも不安を与える行為となります。
① 身分を利用して脅すような言動をしないこと
② 馬鹿にする言葉、見下す言葉を使わないこと
③ 「クビだ」「辞めろ」というような言動で雇用不安を与えないこと
④ 「会社に言うな」等、本人の自由な言動を押さえつけないこと
⑤ その他、相手の人格や尊厳を侵害するような言動を行なわないこと

職場のパワハラに当たる行為…6類型	
① 身体的な攻撃	暴行、傷害
② 精神的な攻撃	脅迫、名誉毀損、侮辱、暴言
③ 人間関係の切り離し	隔離、仲間外し、無視
④ 過大な要求	業務上不要なことや不可能なことの強制、仕事の妨害
⑤ 過小な要求	能力や経験とかけ離れた程度の低い仕事を命じる、仕事を与えない
⑥ 個の侵害	私的なことに過度に立ち入る

＜セクシュアル・ハラスメント＞

「ハラスメント」は、いまや企業に必須の項目です。これもコンプライアンス研修などで活用し、問題が起きないようにしていきましょう。

＜パワー・ハラスメント＞

どこまでがパワハラに該当するのか、社員がわかっていないことが多く、またもともとわかりにくい項目です。
一つの基準として、このページを見てもらうようにしましょう。

【チェックリスト・書き込みページ】

	個人目標	
●1年後の自分にワクワクしながら、未来のビジョンを描いてみましょう！		

氏名　　　　　記入日

1年後の自分は こうなっていたい	そのために 何をやるか？

1年後の○○○会社 はこうなっていたい	そのために 何をやるか？

【上司からのエール】

	身だしなみチェックリスト	

項目	ポイント
頭髪	□前髪が目にかかっていない
	□不自然に明るい色ではない
	□清潔である
	□手入れがされている
顔	□ヒゲは剃ってある
	□鼻毛が伸びていない
	□派手なメガネをかけていない
	□歯をきれいに磨いてある
服装	□清潔感がある
	□えり、そでに汚れがない
	□シワだらけでない
	□ネクタイのたるみ、汚れがない
	□ズボンを腰ではいていない
つめ	□つめは伸びすぎていない
	□つめに汚れはない
足元	□靴下は無地もしくは地味な柄である
	□靴下にたるみはない
	□靴はきれいに磨いてある
	□靴のかかとを踏みつぶしていない
その他	□仕事の場にふさわしい時計か
	□強い臭いの整髪料などをつけていない

＜個人目標＞

ここからは、チェックしたり書き込んだりして使用する項目です。差し替え可能なリフィルでないと使いづらいかもしれませんが、どんどん使うことで、会社ルールブックも浸透していきます。運用のしかたも考えていきましょう。

＜身だしなみチェックリスト＞

本文中でも紹介したチェックリストです。

書き込まなくても、見ながらお互いに指差し確認で使っている会社もあります。

【チェックリスト・書き込みページ】

5Sチェックリスト

5S	チェック項目	✓
整理	通路・職場に不要品は置かれていないか	
整理	机の上などに物が必要以上に置かれていないか	
整理	机の中・周辺に不要品は置かれていないか	
整頓	置き場の区分表示がされ、汚れ・剥がれはないか	
整頓	物は正しく元の位置に戻されているか	
整頓	置き方は正しいか（配線・キャビネット・机）	
清掃	床・通路にゴミ・汚れはないか	
清掃	OA機器・棚・ゴミ箱などに汚れはないか	
清掃	窓・壁・ドア・休憩室などの施設に汚れはないか	
清潔	換気はきちんとできているか	
清潔	出社・帰社時の手洗い・うがいはできているか	
清潔	ゴミ箱は毎日きれいにしているか	
しつけ	服装・髪に乱れはないか	
しつけ	あいさつ、感謝の言葉を自分から発しているか	
しつけ	職場のルールを守っているか	

日報フォーマット

●毎日の目標と、その結果を記入
必ず上司からコメントをもらいましょう。

　　　　月　　　日（　）

本日の日報
振り返り
コメント（記入者）

＜5Sチェックリスト＞

朝の業務スタート時に、みんなでこのページを開きながら、5Sを徹底させてみてはいかがでしょうか。

＜日報フォーマット＞

会社ルールブックをリフィル形式でつくった場合は、このページを何枚も印刷しておいて、日報として活用するとよいでしょう。
毎日記入して上司に提出し、コメントをもらいます。

【チェックリスト・書き込みページ】

3分間フィードバック

　　　年　月　日　　氏名

★今日1日、うまくいったことは何ですか？

○
○
○

★今日1日、うまくいかなかったことは何ですか？

○

★＿＿＿＿＿より、一言フィードバック

[　　　　　　　　　　　　]

評価項目チェックリスト

● L等級（リーダー層）の評価の項目・着眼点です

	成長項目	着眼点
成果	粗利益の達成	目標数字
	環境整備の達成	検査のアベレージ
	部下の育成	任せられる仕事の数
重要業務	接客技術の向上	声掛け・指導・気配り
	部門間のつながり	情報の共有・切磋琢磨
	会社の取組みへ参画	事業計画の理解と立案
営業努力	新規営業先の獲得	訪問数、商談数、契約数
	営業提案・実施	提案の採用数と実施数、効果
知識技術	経営に関する知識	自己啓発、情報収集など
	担当業務	教育研修ができるレベル
	クレーム対応	最終責任者としての対応
勤務態度	自己マネジメント	業務一連の流れへの貢献
	リーダーシップ	人望と影響力と生産性
	目的意識	目標・目的の理解と生産性

＜3分間フィードバック＞

日報とは少し変えた、自分の「振り返り」をメインにしたページです。

一番下には、上司からのフィードバックのスペースがあるので、日報代わりに使ってもよいでしょう。

＜評価項目チェックリスト＞

人事評価は、対象期間中のチェックが非常に重要で、これが成果や育成につながります。

このページを、上司・部下のコミュニケーションを図るのに使うのもよいでしょう。

【チェックリスト・書き込みページ】

今週の感謝

●今週何回、感謝する出来事があったでしょうか？ お客様、仲間、どんな人にどんな感謝があったか、書いておきましょう。

いつ	誰に	どんな出来事

会社カレンダー

7月

日	曜		日	曜	
1	日		16	月	
2	月	全体朝礼	17	火	
3	火		18	水	
4	水		19	木	
5	木		20	金	
6	金		21	土	
7	土		22	日	
8	日		23	月	
9	月		24	火	個人面談
10	火		25	水	個人面談
11	水		26	木	個人面談
12	木		27	金	ボウリング大会
13	金	給与支給日	28	土	
14	土	社員総会	29	日	
15	日		30	月	
			31	火	月報締め切り

＜今週の感謝＞

日々の仕事のなかで、まわりに助けられることはとても多いものです。
それを1週間で振り返る機会として、このページをつくってみました。

＜会社カレンダー＞

会社カレンダーとして休暇や社内イベントなどを掲載すると、社員同士で見ながらスケジュールを話す機会が増えます。
また、毎年改訂するページを設けることで、ルールブックの運用が活発化します。

【管理職向けページ】

管理職の役割

●管理職とは、リーダー(先導者、指導者)とは異なり、マネージする(経営する、監督する)人をいいます。リソース(ヒト・モノ・カネ等)を適切に把握し、最大限に活用(やりくり)して、組織の目的や目標を実現するために活動します。

●裁量と責任をもって会社を導くのは管理職です。
 ・常に「見られている」という意識を持つこと
 ・理念、ビジョンの伝道師という意識を持つこと
 ・発展、成長させることにプライドを持つこと

●管理職の条件
 ①理念にもとづく自分の使命を語れる
  →部下の心を焚きつけられる
 ②自社の組織習慣を押さえられる
  →万事を率先垂範できる
 ③自社の定量を押さえられる
  →5W2Hで組織を動かせる
 ④経営者の心の内を理解・共感できる
  →経営者と圧倒的な信頼関係がある
 ・「個(主観)」ではなく「公(客観)」の判断
 ・部下がほめられることが最大の評価
 ・部下に「失敗させられる」「挑戦できる環境をつくる」ことができる
 ・自分を信じて決断力を持つ

マネジメントスキル

●管理職の役割、ミッションを果たすために、マネジメントスキルを身につけましょう。組織のポテンシャルを最大限に発揮することができると、一人の成果よりもはるかに大きな成果をもたらすことができるようになります。

目標管理	部下に頑張れば達成できる程度のスモールゴールを設定させ、サポートして成功体験を実感させる。
動機づけ	部下が頑張ったことは、できるだけ早く承認することで、動機づけが図れる。
観察	日々の観察で、悩んでいること、サポートが必要なこと、頑張っていることを見つける。
フィードバック	具体的で、前向き思考のコメントをする。ダメ出しだけでは終わらせない。
コーチングスキル	傾聴・質問・承認のスキルを向上させ、ふだんのコミュニケーションを生きたものにする。

＜管理職の役割＞

ここからは管理職向けのページです。
立場の違いで、一般社員とは異なる点が必ずあります。管理職の立場として、ふだんから意識してもらいたいことを明文化します。

＜マネジメントスキル＞

マネジメントが苦手な管理職は、けっこう多いものです。
そこで、基本的なマネジメントスキルをあげておきました。参考にしてください。

【管理職向けページ】

面接時の注意

●面接時に、以下の内容を確認するようにしましょう。

- ☐ 経歴に偽りはないか
- ☐ 健康状態は問題ないか
- ☐ 言葉づかいはちゃんとしているか
- ☐ 身だしなみはきちんとしているか
- ☐ 明るさ、笑顔があるか
- ☐ いつから働けるか
- ☐ 他の会社などで働いているか
- ☐ 他の会社の面接を受けているか

話が合う、相性がよさそうという「感触」で面接を行ない、入社させてみたら仕事がどうも…、というケースは非常に多くあります。上記の他にも、必ず確認する項目を決めておき、正確な判断ができるようになりましょう。

また、経歴の詐称があったまま働いていたり、悪い健康状態を知らずに働いていた場合、会社に大きなリスクをもたらします。
面接時には、これらのことも確認するようにしましょう。

入社時の注意

●新入社員からは以下の書類を、最初の勤務日前にもらうようにしてください。遅くとも、勤務日当日には持ってきてもらうようにします。

- ☐ 雇用契約書
- ☐ 誓約書
- ☐ 身元保証書
- ☐ 身分証明書（コピー）
- ☐ 住民票
- ☐ その他必要な書類

※その他必要な書類は〇ページに記載があります。

働き始めてからだと、住民票などを取りに行きにくくなったりします。また、もう入社できからという意識から、気が緩みがちになったりもします。
必要書類を持ってこないまま働いていて、短期間で退職する際に、会社の物がなくなっていたというケースもあります。
必ず、働き始める前に、必要書類を持ってきてもらうようにしてください。

＜面接時の注意＞

誰に対する面接でも、同じことを確認することで、長い目で見ると、採用を安定させることになります。確認忘れがないように、チェックできるようにしています。
面接シートを記載してもよいでしょう。

＜入社時の注意＞

管理職が、面接から入社まで労務管理をする場合に、本社や総務部門などに何度も確認したりする手間は避けたいものです。
会社ルールブックで確認できるようにしておきましょう。

【管理職向けページ】

退職時の注意

- 従業員が退職を申し出てきた場合、その理由や退職希望日などを必ず確認しましょう。まわりに与える影響や負担なども考慮して、実際の退職日を決めていく必要があります。
また、本部への報告は、即座に行なってください。

- 最低でも退職希望日の30日前までには申し出てもらう義務があり、その際、必ず「退職願」を提出してもらう必要があります。

- 会社から貸与された物や、その他会社に属するものは、退職日までに返却してもらいます。(○ページ参照)

- 退職した従業員は、退職した後も会社で知り得た機密、情報を保持しなければなりません(離職後も守秘義務がある)。
情報漏えいにより、会社が損害を受けたときには、その損害を賠償させなければなりません。
そのことを必ず伝えましょう。

試用期間の判断

- 正社員で採用された人は「3か月」、アルバイトで採用された人は「150時間」の試用期間があります。
この期間に、以下の項目をしっかり見定めてください。

  - ☐ 勤怠の状況(遅刻、欠勤等)
  - ☐ 勤務態度
  - ☐ 仕事への能力
  - ☐ 書類等の提出
  - ☐ 健康状態
  - ☐ 仲間との協調性
  - ☐ 誠実な取組み姿勢
  - ☐ 積極性
  - ☐ 基礎的な理解力

- 試用期間を過ぎてから、上記の項目を理由に退職してもらうことは非常に難しくなります。早めの判断が必要です。

- 上記の会社が決めている試用期間とは別に、入社から「14日」以内が、一つの判断目安です。本当に問題が明らかな場合は、必ず14日以内に会社に報告するようにしてください。

＜退職時の注意＞

退職時は何かとトラブルも多く、管理職の労務管理もおろそかになりがちです。
退職時に最低限、押さえておくことを確認できるようにしておきましょう。

＜試用期間の判断＞

試用期間中には、実際に入社した社員の仕事ぶりなどを見る必要がありますが、つい忘れがちです。判断すべき項目と期限を確認できるページを織り込んでおきましょう。

【管理職向けページ】

欠勤者の取扱い

●連絡がつかなくて欠勤するケースは、その後大きな問題になることがあります。初期の対応を間違えないようにしましょう。

①出勤の要請連絡をします。
　⇒必ずいつ連絡したかを記録しておく。

②電話がつながらない場合、配達記録郵便で出勤要請をします。
　⇒こちらも記録を残しておく。

③上記を2〜3回以上行なっても出勤してこない場合、就業規則にもとづいた退職の通知を行なう。
　⇒人事部と相談します。

通知書には、退職日と、異議がある場合の連絡先、期限を記載しておきましょう。

通知する際の書面については、人事部に相談してください。

解雇について

●管理者であるからには、解雇についてはしっかりとした知識を持っておきましょう。

業務上の横領、重大な経歴の詐称、大きな信用失墜行為以外の理由では、本来、解雇は難しいものです。特に、軽はずみに次のような言葉を使ってはいけません。
- 「クビだ」
- 「辞めたほうがいい」
- 「もう来なくていい」
- 「いらない」

このような言動が、大きな労働問題に発展することがあります。勤務態度、能力、勤怠等に問題がある従業員の場合は、まず問題を改善するための指導をしなければなりません。

また、注意した場合や、改善努力を促した場合は、「いつ、どんな注意をしたか」を、会社へ報告しなければなりません。
注意し、改善の努力を促したにもかかわらず、繰り返し問題行為が見られる場合には、会社に対応を相談するようにしてください。

＜欠勤者の取扱い＞

無断欠勤に関する対応を間違えると、大きなトラブルになることがあります。
管理職がこのページを確認して、対応できるようにしておきましょう。

＜解雇について＞

解雇に関するトラブルは、大きなモメ事に発展するケースで、裁判などになることも珍しくありません。
管理職が最低限知っておくべき確認事項をあげておきましょう。

【管理職向けページ】

セクハラ・パワハラ

● セクハラ、パワハラは、「これくらいなら大丈夫だろう」という上司側の基準ではなく、相手側がどのように感じて、就業にあたって影響が出るかどうかで判断されます。

● パワハラにならない指導方法

1	人間性や人格ではなく、行動・事実を指摘・指導する。
2	人前で叱られているところを、まわりにさらさないようにする。
3	感情的にならない（深呼吸する、10秒数える、自分を上空から眺める）
4	暴言、暴力は絶対禁止（クビだ、辞めろ、死ね、帰れ、家族の悪口、暴力は即OUT）
5	服務規程などに即して指摘（個人の主観ではなく、会社のルールとして指摘をする）

※パワハラを必要以上に恐れて、指導ができないのは本末転倒です。職場風土をよくしたり生産性を上げるうえにおいてマイナスになってしまいます。
部下の指導は、自信をもって堂々と。そのためにも上記の指導方法を守っていきましょう。

＜セクハラ・パワハラ＞

管理職に対し、ハラスメントの防止を図ることは非常に重要です。会社としても、このルールブックでしっかり伝えているという姿勢を示しておきましょう。

ここで紹介しているサンプルページは、いままで多くの会社でつくってきたなかからピックアップしたものです。

そのほか、新たに生まれたものもたくさんありますが、ほとんどがその会社独自のオリジナルなものです。

ぜひ、あなたの会社でも、自社ならではのオリジナルのページをつくっていきましょう。

毎年1ページでも、社員みんなで考えた、みんなで取り組むルールなどを追加していくと、会社ルールブックに対してどんどん愛着が増し、みんなが日常的に使うツールになっていくことでしょう。

各種シートのダウンロードについて

　本文中に掲載しているシート類と6章の「会社ルールブックのサンプルページ」は、すべてMicrosoft社のWordとExcelで作成しています。本書ではスペースの都合で省いているイラストなども入れています。
　この本をご購入いただいた方への特典として、以下の一式について提供いたしますので、ぜひ活用してください。
- 目的作成シート
- メリット作成シート
- 項目一覧リスト
- サンプルルールブック（バイブルサイズ版）
- サンプルルールブック（Ａ５版）

　弊社のＷＥＢサイトから、下記アドレスを入力いただくと、特典専用の画面よりダウンロードすることができます（その際、お名前とメールアドレスの登録をお願いしています）。
　本書の特典のため、弊社ホームページからはリンクをしていませんので、直接アドレスを入力してください。

```
https://millreef.co.jp/samplebook/
```

　また、ぜひ本書をお読みになった感想などもいただければ、大変に嬉しく思います。
　それにより、私の仕事が「強化」されますので、何卒よろしくお願い申し上げます。

おわりに

　本書を手に取っていただき、まことにありがとうございました。

　この「会社ルールブック」は、私が10年以上前から社会保険労務士の仕事の一環として、就業規則を作成する際に、就業規則をどんなによくしても、現実には職場風土は変わらないのでは…と疑問に思いつつ、先人の方々の取組みや工夫を勉強させていただきながら、形にしてきたものです。
　そして、最終的には、「就業規則」と「会社ルールブック」の役割を明確に分けて、ルールブックには前向きで、実際の職場に必要なものに特化したツールとして活躍してもらおう、という思いに至り、現在の形になりました。

　会社ルールブックは、まだまだ発展途上のツールだと思っています。中身もそうですが、形も紙ではなくデジタルデバイスに代わってくるかもしれません。
　まずは、フレームとしてのルールブックを作成して、それをもとに労使双方で話し合いながら、よりバランスの取れた、会社の風土をよくしていく、常に変わっていく「生きたツール」になっていってほしいと願っています。

　また、これは私の夢でもあるのですが、将来、日本の企業において、名前や形は変われども、どの組織にも必ず当たり前のようにあるツールにしていきたい、と思っています。
　企業理念や就業規則が、当たり前のようにあるのと同様に、この会社ルールブックも、必ず存在するものにしていきたいのです。
　そして、このツールが、魅力ある職場をつくっていくことの一役を担い、もっともっと「よい行動」をみんなができるようになって

いければと思います。

　さて、1章の冒頭に「打楽打楽（だらだら）支店の悩み」というエピソードを紹介しました。
　もし、この支店に「会社ルールブック」を導入するとしたら、どのようなものをつくり、変えていくことができるでしょうか。
　それを、見ていきたいと思います。

・・・

　社員50名ほどの、とある中小企業の一支店、「打楽打楽（だらだら）支店」のとある1日を見てみましょう。打楽打楽支店では、会社ルールブックの導入をスタートしました。

上司A「おいおい、もう出勤時間だぞ。みんなは、まだ来てないのか？」
社員B「だって、まだ5分前ですよ。あっ、みんな来ました」
　ぞろぞろとみんなやってきて、タイムカードをガチャリ。それからトイレに行ったり、コーヒーを入れに給湯室に行ったりしています。おしゃべりは聞こえてきますが、なかなか職場には出てきません。もう始業時間は過ぎています。上司Aはイライライラ…。

> ★始業時のルール★
> 　**始業時間は仕事をスタートする時間です。タイムカードは会社に到着した時間ではなく、業務を開始する時間に打刻しましょう。**
>
> 　当たり前のことと思われるかもしれませんが、この当たり前のことがなかなかできないのが職場風土の問題です。
> 　きっと、この「打楽打楽支店」の就業規則にも、同じようなことが記載されていることでしょう。でも、実行できていませ

んでした。
　それは、就業規則は、きっとあまり読まれていないからではないでしょうか？　繰り返し目を通し読んでもらうことが近道です。
　会社で守るべきルールは、明文化して、いつでもどこでも確認できるようにしておくところに意味があります。

上司A「あれっ？　Dさんが来ていないじゃないか。どうしたんだ？」
社員B「Dさんは、昨日の夜に、有休の届を出してましたよ。ほら、そこの机の上に」
上司A「えっ、有休？　えーと、有休申請は３月５日から３月９日まで…。なにっ！　今日から５日間だと！　そんなの急に困るよ！」
　あわててDさんに電話する上司A。
「……だめだ。電話がつながらない」
社員C「だって、有休の届はいつまでに出せなんて言われてないし、休暇中は仕事から離れていいはずですよ。知らないんですか？　働き方改革ですよ、働き方改革」
上司A「……」

★休暇申請のルール★
　年次有給休暇は、同じ職場のまわりの仲間に負担をかけないように、取得する日の２週間前までには上司に申請しましょう。
　また、有休が複数日にまたがる場合は、業務のシフトが決定するまでに申請してください。
　業務の都合上、申請者の希望どおりの日にならず、日にちを変更してもらうこともあります。

> 職場で大事なのは、チームで仕事をしているということ。その意識をしっかりもってもらうためにも、まわりに迷惑をかけないようなルールを定めておくと、納得性が増します。

社員E「そうそうA課長、私、引っ越したんですけど、住所が変わったら何か届を出すんでしたっけ？ 健康保険証ってこのまま使っていいんですか？」
上司A「あっ、そうか。ちなみに引っ越したのはいつだ？」
社員E「10か月ぐらい前なんですけど」
上司A「なに？ もっと早く言えよ！ 君は、たしか寮に入ってなかったか？ 会社はずっと家賃を払っているはずだぞ。とりあえず本社に確認してみる」

そこで、上司は本社に電話をしましたが、本社の担当者はまだ勤務前の時間なので、留守電に残しました。
すると、10時すぎぐらいに、本社から電話が掛かってきました。
本社社員F「なんで、いまごろ言ってくるんですか？ もっと早く連絡してくれないと困りますね。手続きに必要な書類をメールで送りますので、本人に書いてもらってください」

上司Aは、"私が悪いんじゃないのに…。E君にこの書類を渡しても、書いてくるのは遅くなりそうだな…"と思いつつ、社員Eに手続きの指示をしました。

> 支店などで何か発生するたびに、そのつど本社に確認、というようなことが多くありませんか？ はっきりと数字には現われてきませんが、ムダな時間や労力がかかっています。
> 労務管理に時間を費やして、それで「仕事しているなぁ」なんて気でいるとしたら、それは問題です。

★届出のルール★

　引越しや結婚、出産などで住所等に変更が発生したときは、支店備え付けのパソコンの「届出フォルダ」より「各種変更届」を取り出し、その変更届に記載して、上司の印鑑を押して本社総務部までＦＡＸしてください。期限は２週間以内です。

　届出が遅れた場合は、さかのぼった分の費用や手当などを支給しない場合がありますので、提出期限を守るようにしましょう。

　必要な届出事項は、本書201ページのサンプルのような一覧表にして、何を、誰宛てに、いつまでに提出するのか、会社ルールブックに記載しておきましょう。

　届出事項が発生するたびに上司から本社へ確認し、また上司と該当社員などとやりとりするのは、けっこう大きな時間コストになっています。

　会社ルールブックに届出の手順をわかりやすく記載することにより、労務管理の手間が省けて、本来の業務に力を入れることができるようになります。

　その後、なんだかんだで退社時刻となる定時になりました。
　そういえば、今日は水曜日。この会社では「ノー残業デー」を導入しており、水曜日は17時の定時であがる日です。
上司Ａ「おい、今日はノー残業デーだ。もうあがっていいぞ」
社員一同「わかってます。いまあがりまーす」
　みんな、すでにタイムカードの前に並んでいて、次々と帰っていくのでした。
上司Ａ「いやぁ、疲れた。前の職場とは、かなり違うぞ。前途多難だな」
　と独り言を言っていると、「トゥルルルルルル♪」。

「おっ、電話だ」

上司Aが電話に出ると、それは取引先からの電話でした。

何やら、今日までに見積もりをもらえるはずで待っていたのに、まだ来ていないという内容の電話でした。

上司Aは担当社員Cの携帯に慌てて電話をしました。

上司A「おい、取引先のZ社から電話がきたぞ。今日までに届くはずの見積書がまだきていないそうだ。なんで、やらずに帰ったんだ。すぐに対応してくれ」

社員C「だって、課長が帰れって言ったじゃないですか。それに、残業禁止は会社の命令のはずです。もう勤務時間を過ぎているので、無理ですよ」

上司Aは怒りを通り越して、絶望に近い感情を抱きました。

「これが普通なのだろうか…。わからなくなってしまった」

残業禁止が優先か、お客様が優先か、会社として明確にしておく必要があります。

行き過ぎた残業禁止は、実際に生産性を下げ、働き方改革どころか、事業の衰退につながる場合もあります。

また、この会社の企業理念としては、どのようにしていたのでしょうか。

「顧客第一」と謳いながらも、実態は違うことをしている。逆に、「社員を大事に」を謳いながらも、実際には無理をさせている――そんな会社になってはいませんか?

★残業のルール★

原則として、指示のない残業は禁止です。

また、自身の判断で残業する場合は、必ず事前に上司の許可をもらうようにしましょう。その際は「残業申請書」にて、申請をしてください。

また、突発的なお客様対応で、業務を行なう必要がある場合

> などは、その組織の判断に任せています。
> 　「融通をきかせる」ことは、当社のモットーでもあり、お客様から支持をいただいている部分でもあります。
> 　そのときに何が一番大事か、それを各自が判断して、仕事をしていきましょう。

「打楽打楽支店」の例は、多少極端ではありますが、世の中にはこれに近い風土の職場が、きっとあることでしょう。

明確な職場での「働き方」をつくること、そしてそれを職場のみんなで実践していく。制度を変えるだけでなく、意識改革だけでもなく、実際に行動レベルで変わってくれば、きっとメリハリのある、充実した職場になっていくことでしょう。

すぐにパッと切り替わるものではないと思いますが、職場風土はしっかりつくり上げれば、後から入ってくる社員は普通に、当たり前にできるようになってきます。

そこまで「めげない」で頑張っていきましょう。

「会社ルールブック」も「職場風土」も大事な会社の財産なのです。

なお、本書執筆に際し、多くの方のご協力をいただきました。特に、原稿が遅くなり、多大なご迷惑をおかけしたなかで、温かい態度で対応してくださった編集者の小林様には、いくら感謝をしてもしきれません。本当にありがとうございました。

　また、文中にて「先人の方々」と記載させていただきましたが、社会保険労務士でコーチでもある株式会社エスパシオの下田直人さんから、就業規則をこのような形で社員に渡すハンドブックというツールを学び、同じく社会保険労務士で研修講師の株式会社フリスコの桑原和弘さんから、手帳サイズで作成して使いやすくするという、工夫を教えていただきました。いまの形は、この先人の方々の知恵や工夫のおかげで確立できたのです。

　そして今回、「働き方改革」をテーマにして出版の機会をいただくことができたのも、出版社との関係をつくっていただいた、ＨＲプラス社会保険労務士法人代表の佐藤広一さんのおかげです。

　文中にて失礼ながら、みなさまにお礼申し上げます。ありがとうございます。

　最後に、年末で業務が過多ななか、頑張って業務を進めてくれたり、本のアイデアを出してくれたりした、弊社スタッフの竹内さん、八重樫さん、杉田さん。この場を借りて感謝の気持ちを伝えさせてください。本当にありがとうございました。

　夢の一つである、「日本のすべての会社にルールブックを」を実現できるよう、そのためにもっともっとよいツールになるよう、引き続き努力をしてまいります。

　最後までお読みいただき、ありがとうございました。

著　者

【著者活動企業】

株式会社MillReef
https://millreef.co.jp/
企業のモットーは「見える行動・測れる向上」
＜事業内容＞
- 「Ａ４一枚評価制度®」の導入・構築・運用コンサルティング。中小企業の業績向上に特化したＡ４一枚でマネジメントを行なう人事評価システム。公平性・納得性は捨てて、成果に結びつく行動をどんどん引き起こすことを狙いとしている点が特徴。

一般社団法人行動アシストラボ
https://aba-labo.org/
ＡＢＡ（応用行動分析学）第三の学びの場として、もっと身近に勉強・実践してみたいという人たちへプラットフォームとしての機関。
＜事業内容＞
- 応用行動分析学に関する研究
- 勉強会、セミナーの開催

一般社団法人日本ＡＢＡマネジメント協会
https://j-aba.com/
ＡＢＡマネジメントに関する研究や勉強会、コンサルティングの実施。
＜事業内容＞
- ＡＢＡマネジメントコンサルティング業務
- ＡＢＡマネジメントの講座開催
- 大学と連携してのＡＢＡ（応用行動分析学）の研究

社会保険労務士事務所オフィスネアルコ
https://nearco.jp/
社会保険労務士の事業を行なっている。
＜事業内容＞
- 労務相談などのアドバイス業務
- 社会保険の諸手続きの代行業務
- 就業規則の作成など

榎本あつし（えのもと　あつし）

社会保険労務士。株式会社MillReef 代表取締役、社会保険労務士事務所オフィスネアルコ 所長、一般社団法人行動アシストラボ 代表理事、一般社団法人日本ABAマネジメント協会 代表理事、日本行動分析学会 会員。

1972年、東京都立川市生まれ。法政大学経済学部卒。大学卒業後、ホテルにて結婚式の仕事等に携わる。2002年、社会保険労務士試験合格。人材派遣会社人事部に転職後、2005年12月に社会保険労務士として独立。現在は、人事評価制度に関するコンサルタントとしての仕事を主要業務としている。ABA（応用行動分析学）の理論を用いた組織活性化業務を得意とする。

2015年に出身地でもあり自宅の近くである、東京都福生市にオフィスを移転。妻と娘と猫2匹とともに、趣味の旅行と一口馬主を楽しみながら暮らしている。将来の夢は、猫のトレーニング会社の設立。

著書に『人事評価で業績を上げる「A4一枚評価制度®」』『自律型社員を育てる「ABAマネジメント」』（以上、アニモ出版）がある。

働き方改革を実現する「会社ルールブック®」

2019年2月15日　初版発行

著　者　榎本あつし
発行者　吉溪慎太郎
発行所　株式会社アニモ出版
　　　　〒162-0832 東京都新宿区岩戸町12 レベッカビル
　　　　TEL 03(5206)8505　FAX 03(6265)0130
　　　　http://www.animo-pub.co.jp/

©A.Enomoto 2019　ISBN978-4-89795-222-2
印刷：文昇堂／製本：誠製本　Printed in Japan

落丁・乱丁本は、小社送料負担にてお取り替えいたします。
本書の内容についてのお問い合わせは、書面かFAXにてお願いいたします。

アニモ出版　わかりやすくて・すぐに役立つ実用書

人事評価で業績を上げる!
「Ａ４一枚評価制度®」

榎本 あつし 著　　定価 本体2000円(税別)

人事評価を行なう一番の目的は「業績向上」。そのための人事評価の考え方から、シンプルな評価シートの作成・運用のしかたまでを徹底解説。小さな会社だからこそできる決定版。

自律型社員を育てる
「ＡＢＡマネジメント」

榎本 あつし 著　　定価 本体2000円(税別)

ＡＢＡ（応用行動分析学）を用いた人材マネジメント手法のノウハウとやり方を図解入りでやさしく解説。行動に直接働きかける次世代マネジメントを実践すれば業績もアップする。

管理職になるとき
これだけは知っておきたい労務管理

佐藤 広一 著　　定価 本体1800円(税別)

労働法の基礎知識や労働時間のマネジメント、ハラスメント対策から、日常よく発生する困ったケースの解決法まで、図解でやさしく理解できる本。働き方改革も織り込んだ決定版。

人事・労務のしごと
　　いちばん最初に読む本

アイ社会保険労務士法人 著　　定価 本体1600円(税別)

労働基準法の基礎知識から定例事務のこなし方まで、人事・労務のしごとに必要な実務のポイントをコンパクトに網羅。働き方改革にも対応した、すぐに役立つ必携ハンドブック！

定価には消費税が加算されます。定価変更の場合はご了承ください。